海洋调查船
安全知识指导手册

主编 杨宝起

中国海洋大学出版社
·青岛·

图书在版编目(CIP)数据

海洋调查船安全知识指导手册/杨宝起主编.—青岛:中国海洋大学出版社,2011.4
 ISBN 978-7-81125-682-6

Ⅰ.①海… Ⅱ.①杨… Ⅲ.①海洋调查船－船舶安全－技术手册 Ⅳ.①U674.81-62

中国版本图书馆 CIP 数据核字(2011)第 059631 号

出版发行	中国海洋大学出版社			
社　　址	青岛市香港东路23号	邮政编码	266071
出 版 人	杨立敏		
网　　址	http://www.ouc-press.com		
电子信箱	bingyueye@tom.com		
订购电话	0532—82032573(传真)		
责任编辑	毕玲玲	电　　话	0532—85901040
印　　制	日照日报印务中心		
版　　次	2011年4月第1版		
印　　次	2011年4月第1次印刷		
成品尺寸	140 mm×203 mm		
印　　张	3.625		
字　　数	90千字		
定　　价	10.80元		

编委会

主　编　杨宝起
副主编　赵忠生　郭心顺　蒋六甲
编　委　（以姓氏笔画为序）
　　　　于　胜　刘兴永　陈永兴
　　　　陈学恩　李延刚　赵继胜
　　　　袁志伟　黄　磊

序

"安全！安全！安全！"——这是每次出海调查之前，船长和指导老师经常告诫随船实习学员的三个短语，也是敲三响的警钟。

第一个"安全"是人身安全。只有在人身安全得到充分保证的前提下，才能构成一种和谐环境，从而有效地开展其他各项工作。皮之不存，毛将焉附？

第二个"安全"是仪器安全。仪器是学员手中的武器，是人类肢体和感官的延伸。没有仪器就无法了解组成海水的各种元素、活跃在其中的各种生命现象以及描述各种运动现象的要素，就无法达到出海的目的。

第三个"安全"是资料安全。资料是劳动成果的结晶和展示，是开启海洋秘密的钥匙。没有资料，劳动就变成虚无。因此，资料缺失、丢失都是一种犯罪行为。

大海是自由的元素，大海是豪迈、雄奇、辽阔的象征。大海是属于开放的时代，大海是 21 世纪人类回归的本源。

学员朋友们，这本小册子仍然有许多不足之处，但是，我相信，开卷有益，知识就是力量，只要记住其中要点，并且身体力行，会给你带来意想不到的快乐和收获。

侍茂崇

2010 年 6 月 8 日

前 言

　　本书是为了确保海上实践的学生及初次出海调查人员的人身和设备安全，使之在上船前能尽快掌握和了解有关人员、船舶、仪器等安全知识编写而成的。全书以科普知识形式编写，主要讲述了船舶的基本构造、性能、适航条件；船舶安全知识；船舶部分规章制度等。

　　本书可作为进行海洋学海上实践的学生及初次上船开展海洋调查的科研人员的安全指导手册，同时对从事海洋科学调查、海洋环保、海洋技术、海洋水产、海洋工程、海洋管理及航海专业工作者具有一定的借鉴和参考作用。

　　本书的出版由国家自然科学基金委员会科学部主任基金"渤黄海海域科学考察实验研究"项目（40949902）专项资助，特此致谢。

　　因水平所限，书中难免存在不足和谬误之处，欢迎有关专家批评指正。

编者

2010 年 8 月

目　次

第一章　船舶基本知识 …………………………………… (1)
第一节　船舶的主要构造、设备特性及组成系统 ……… (1)
一、船舶主要结构简介 ……………………………… (1)
二、船舶主要设备的特性 …………………………… (3)
三、船舶主要的组成系统 …………………………… (4)
第二节　船舶适航必备条件 ……………………………… (32)
一、船舶航行应具备的条件 ………………………… (32)
二、船舶登记 ………………………………………… (32)
三、船舶资料名称 …………………………………… (36)
四、船员 ……………………………………………… (38)
五、船员资格证书 …………………………………… (42)
第三节　"东方红2"船基本知识介绍 …………………… (46)
一、"东方红2"船的基本技术参数 ………………… (46)
二、"东方红2"船的主要性能 ……………………… (46)
三、"东方红2"船实验室简介 ……………………… (48)
四、"东方红2"船现有的主要设备 ………………… (49)

第二章　船舶安全知识 …………………………………… (54)
第一节　消防知识 ………………………………………… (54)
一、火灾预防 ………………………………………… (54)
二、船上的消防设备 ………………………………… (55)
三、主要消防设备的使用 …………………………… (55)

四、船舶消防 …………………………………………… (57)
　第二节　海上救生与求生 ………………………………… (58)
　　一、海上救生与求生的步骤、原则 …………………… (58)
　　二、演习及训练的重要性 ……………………………… (59)
　　三、应变部署表及应变任务卡 ………………………… (59)
　　四、应变信号 …………………………………………… (60)
　　五、应急训练和演习 …………………………………… (61)
　第三节　弃船 ……………………………………………… (62)
　　一、救生设备的选择 …………………………………… (63)
　　二、救生设备介绍 ……………………………………… (63)
　　三、弃船时的服装 ……………………………………… (74)
　　四、逃生路线 …………………………………………… (75)
　第四节　其他安全知识 …………………………………… (76)
　　一、船员及科考人员常见意外伤害 …………………… (76)
　　二、日常生活中的饮食卫生安全 ……………………… (78)
　　三、安全用电 …………………………………………… (78)
　　四、急救方法 …………………………………………… (79)
　第五节　生活、工作环境安全知识 ……………………… (80)
　　一、生活、工作环境安全 ……………………………… (80)
　　二、甲板工作安全 ……………………………………… (83)
　第六节　出海前的准备工作 ……………………………… (85)
　　一、备航 ………………………………………………… (85)
　　二、仪器设备的安装调试 ……………………………… (88)
　第七节　学生船上实习注意事项 ………………………… (89)
　　一、人身安全 …………………………………………… (89)
　　二、仪器安全 …………………………………………… (90)
　　三、资料安全 …………………………………………… (91)

第三章　船舶部分规章制度 ……………………………(93)
　　一、船上人员安全作业规定……………………………(93)
　　二、船舶垃圾处理规定…………………………………(94)
　　三、船舶含油污水排放标准……………………………(95)
　　四、船舶垃圾排放标准…………………………………(95)
　　五、上船工作人员须知…………………………………(96)
　　六、工具使用与管理……………………………………(97)
　　七、吊杆、滑轮的使用与保养…………………………(98)
　　八、实验室管理制度……………………………………(98)
　　九、实验室仪器设备使用管理办法……………………(99)
　　十、实验室甲板安全作业制度…………………………(99)
　　十一、门型架的使用及注意事项………………………(100)
　　十二、仪器设备(配件、说明书、专用工具)的使用
　　　　　管理办法…………………………………………(101)
　　十三、实验室人员交接班制度…………………………(102)
　　十四、调查队借用实验室仪器配件管理制度…………(103)

参考文献 ……………………………………………………(104)

第一章 船舶基本知识

第一节 船舶的主要构造、设备特性及组成系统

一、船舶主要结构简介

船舶各部位名称如图 1-1 所示。船的前端称为船艏;后端称为船艉;船艏两侧船壳板弯曲处称为艏舷;船艉两侧船壳板弯曲处称为艉舷;船两侧称为船舷;船舷与船底交接的弯曲部称为舭部。

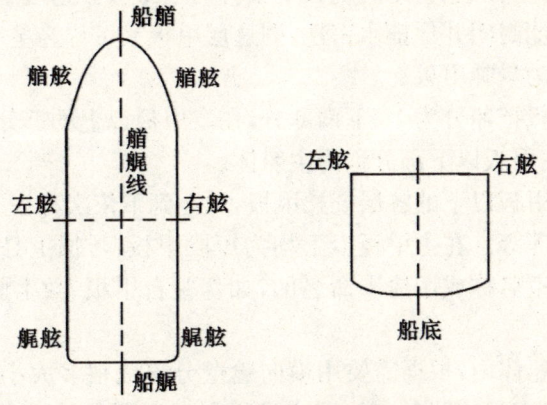

图 1-1 船舶部位名称示意图

连接船艏和船艉的直线称为艏艉线。艏艉线把船体分为左、右两半,从船艉向前看,在艏艉线右边的称为右舷;在艏艉线左边

·1·

的称为左舷。在最大船宽处垂直于艏艉的方向称为正横,在左舷的称为左正横;在右舷的称为右正横。

船舶结构如图1-2所示。

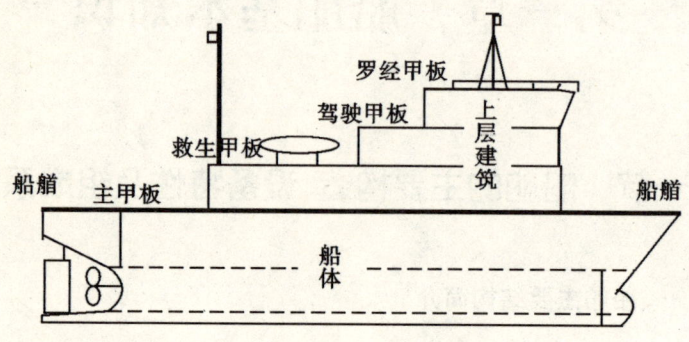

图1-2 船舶结构示意图

船体水平方向布置的钢板称为甲板,船体被甲板分为上下若干层。最上一层船首尾的统长甲板称为上甲板。这层甲板如果所有开口都能封闭并保证水密性,则这层甲板又可称为主甲板,在丈量时又称为量吨甲板。

主甲板把船分为上、下两部分,在主甲板以上的部分统称为上层建筑;主甲板以下部分称为主船体。

在主甲板以下的各层统长甲板,从上到下依次称为二层甲板、三层甲板等等。在主甲板以上均为短段甲板,习惯上是按照该层甲板的舱室名称或用途来命名的,如驾驶台甲板、救生艇甲板、罗经甲板等。

在主船体内,根据需要用横向舱壁分隔成很多大小不同的舱室,这些舱室都按照各自的用途或所在部位而命名,如首尖舱、锚链舱、货舱、机舱、尾尖舱、压载舱、水舱、油舱、客舱等。

上层建筑分船楼和甲板室两大类型。所谓船楼是指两侧都延伸至船舷或很接近船舷的上层建筑;甲板室是指两侧不接近舷边的上层建筑。船楼又有艏楼、艉楼和驾驶台之分。上层建筑的各舱室一般根据舱室用途而命名。

二、船舶主要设备的特性

(一)可靠性

船舶动力装置的可靠性,常通过使用阶段的故障发生率及因此而发生的停航时间来进行判断与考核。

现代船舶动力装置的设计、使用管理工作中,也含有可靠性计算的内容,用以预估装置及其设备的使用寿命及其在管理上所应采用的相应措施。

在实际设计与管理工作中,可靠性计算必须结合具体情况进行。设计者对所设计的方案的可靠性,从理论上应进行计算与证明,但船建成后的实际效果,还与管理人员的工作经验、维修制度及其执行情况、环境条件的变化等因素有关。

(二)机动性

机动性是指船舶有机动灵活运动的能力。为了实现这一要求,船舶动力装置必须具有可供船舶起航、加速、急停和后退、转向及微速航行等性能。船舶的用途不同,对上述机动性的要求也有所不同。

起航:船舶从停泊状态到起航,需要一定的时间才能完成。这段时间越短,起航越快。其时间的长短取决于所采用主机的种类和性能,季节也对启动时间有所影响。不同结构形式的主机,其启动时间有所差异,一般启动所需要的时间为 $2\sim 10$ min。

加速:船舶起航后就进入加速阶段。船舶的加速时间与主机类型及推进器的形式有关。采用燃汽轮和调距桨装置,其加速性要比采用柴油机做主机和定距桨装置的好。

急停和倒车:船在航行中,时刻都需要突然停止前进或停止后退,分别称其为"急停"或"倒车"。它们是依靠反转式柴油机直接传动定距推进装置或直接用调距桨装置来实现急停或倒车的过程。使用调距桨有利于急停和倒车,因为在急停时发动机不需要停车,而是用调整螺距的方式来产生反向推力,因此操作简便并可以取得较大的反向推力,急停及倒车的效果较好。

转向:船舶转向通常用操纵舵使船转向,也可以用双机双桨、侧推器装置等方法来使船转向。

微速航行:海洋调查船、航标艇等经常需要在极慢的航速下长时间运动(即要求微速航行),这往往需要采用调距桨推进装置来实现,因为它可以在不改变主机转速的情况下通过改变桨的螺距取得任意的航速,甚至为零。

(三)续航力

船舶以设计航速航行耗尽全部燃油所运行的距离叫做续航力,以海里计算。

(四)生命力

动力装置的两个主要任务是发出推力和提供电能。在某种情况下,动力装置的部分设备会失去其工作能力(如主机、辅机、轴系、螺旋桨发生故障)。当某种设备发生了损坏而其推进力和电能仍能维持,并没有全部丧失,就称这种动力装置具有生命力。能忍受的条件越恶劣,其生命力就越强。

三、船舶主要的组成系统

(一)船舶推进装置

船舶推进装置示意图如图 1-3 所示。

第一章 船舶基本知识

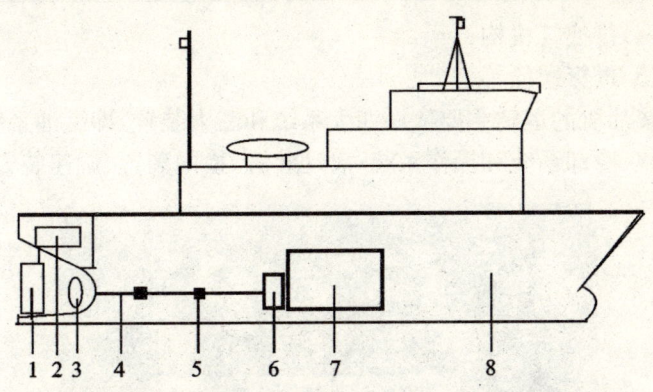

1—舵叶；2—舵机；3—螺旋桨；4—轴系；5—支点轴承；
6—齿轮箱；7—主机；8—船体

图 1-3 船舶推进装置示意图

1. 主机(柴油机)

主机是保证船舶航行速度的动力，是船舶最主要的设备。船用主机如图 1-4 所示。主机的功率、台数是根据船舶的吨位、速度、用途来设计的。根据船舶用途不同，主机分别配置 1 台、2 台、3 台或 4 台。一般货船以 1 台主机为主，调查船以 2 台为主，目的是保障调查资料的连续性和准确性，以及提高船舶的安全性。

用做船舶推力的柴油机，大中型船舶一般用中低速柴油机，转速为每分钟 80～300 转(低)和 300～1 000 转(中)。从使用管理方面来看，中低速柴油机比高速柴油机便于使用管理。

柴油机的耗油量：燃油为 170～200 g/(kW·h)，润滑油为 1～3 g/(kW·h)。

柴油机主要由以下部件组成：

(1) 燃烧室的部件：活塞、汽缸、汽缸盖；

(2) 曲柄连杆机构：十字头、连杆、曲轴和轴承；

(3) 机架、机座；

· 5 ·

(4)排换气机构;

(5)贯穿螺栓等。

柴油机的运转主要依靠四大系统和三大装置,即燃油系统、润滑系统、冷却系统和操作系统;启动装置、换向装置、调速装置。

图1-4 船用主机

2. 轴系

轴系的作用是把柴油机曲轴的动力矩传给螺旋桨,以克服螺旋桨在水中转动的阻力矩,同时又把螺旋桨产生的推力传给推力轴承,以克服船舶航行中的阻力。

轴系是传递动力的设备,包括支点轴承、推力轴承、中间轴、尾轴。它把主机的功率通过轴传递给桨,实现船舶的前进与后退。轴系的数量不一定与主机数量相同,可少于主机,如1台主机、1套轴系;2台主机、1套轴系。常规为1台主机、1套轴系。

3. 螺旋桨

螺旋桨是一种反作用式推进器。当螺旋桨转动时,桨推水向后(或向前)并受到水的反作用力而产生向前(或向后)的推力,使船舶前进(或后退)。可调螺距的螺旋桨如图1-5所示。

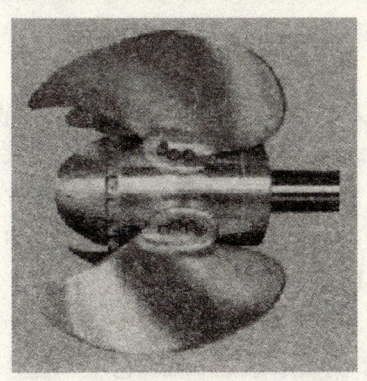

图 1-5 可调螺距的螺旋桨

螺旋桨有 3～6 叶桨片。各片之间按等螺距布置铸造而成。桨叶与桨毂铸在一起的为定距桨,桨叶螺旋面与桨毂可作相对转动的为可调螺距的螺旋桨(简称调距桨),通过桨叶可达到改变螺距的目的,而改变螺距就可以使船舶前进或后退。而定距桨则需要改变轴系的正反转,使船舶前进或后退。

(二)船舶驾驶系统

船舶驾驶系统是船舶航行指挥、操纵的重要部分。驾驶员根据船长审核的航行计划,按要求进行操纵,使船舶安全及时地到达预定的海区或港口。要想使船舶安全航行除人为因素外,还要有先进的定位导航设备,这些设备主要有电罗经、定位系统、雷达、测深仪、电子海图系统、舵机系统、信号、内部通讯等。

1. 电罗经

电罗经是一种提供方向基准的电航仪器。使用电罗经时,要经常测定罗经误差,还要经常把电罗经航向与磁罗盘航向进行对比,以发现问题并及时调整。

2. 雷达

雷达是船舶的眼睛,它能辅助船舶航行,在能见度较低或拥挤水道时能辅助避碰,所以船上安装一部性能优异的 ARPA 雷达至关重要。

雷达主要由以下几部分组成:发射系统、接收系统、显示系统、天线系统等。它能自动捕捉目标、自动标绘技术;能对目标进行自动锁定跟踪监控;显示被跟踪目标的矢量以及方位、距离、航向、航速、最近会遇距离和最近会遇距离的时间;能自动以各种方式报警,提醒驾驶员采取避让措施。

3. 测深仪

测深仪是用于测量水深的仪器,它应用超声波在海水中传播的特性来测量所在地的水深,并能发现水中障碍物,是保证船舶安全航行的最重要的电航仪器。对于船舶在浅水道和狭窄水道航行以及船舶进出港湾时尤为重要。

4. 号灯

号灯是保证夜航的有效设备。根据船舶的性质、长短不同,号灯的设置也不同。

(1)桅灯:安装在船的首尾中心线上方的白灯。船长 50 m 以上(包括 50 m)的安装 2 盏,射程为 6 n mile;不到 50 m 安装 1 盏,射程为 5 n mile。

(2)舷灯:左舷的绿灯和右舷的红灯。船长 50 m 以上(包括 50 m)的射程为 3 n mile,船长 12~50 m 的射程为 2 n mile。

(3)尾灯:安置在尽可能接近船尾的白灯。船长 50 m 以上(包括 50 m)的射程为 3 n mile,船长 12~50 m 的射程为 2 n mile。

(4)拖带灯:安装在尽可能接近船尾的黄灯。船长 50 m 以上(包括 50 m)的射程为 3 n mile,船长 12~50 m 的射程为 2 n mile。

(5)闪光灯:每隔一定时间以每分钟 120 闪次以上(包括 120 闪次)闪耀。

(6)环照灯:在 360°的水准弧内显示不间断灯光的号灯,分为白、红、绿或黄色。船长 50 m 以上(包括 50 m)的射程为 3 n mile,

船长 12～50 m 的射程为 2 n mile。

5. 声音和灯光信号

号笛:能够发出规定的笛声并符合避碰规则。

短声:时间为 1 s 的笛声。

长声:时间为 4～6 s 的笛声。

(1)当船舶互见时,在航船舶应按以下规则进行号笛操作:

一短声:表示"我船正在向右转向"。

二短声:表示"我船正在向左转向"。

三短声:表示"我船正在向后推进"。

(2)灯光信号的表示:

一闪:表示"我船正在向右转向"。

二闪:表示"我船正在向左转向"。

三闪:表示"我船正在向后推进"。

(3)锚泊船舶的灯光显示:在船的首部,一盏环照白灯或一个球体;在船尾或接近船尾并低于船首部的号灯处,一盏环照白灯;使用现有的工作灯或同等的甲板照明设备。

6. 全球卫星定位系统

全球卫星定位系统简称 GPS,是目前船舶定位导航的主要设备,其使用方便,能即时监控,为保证船舶安全航行起到了重要的作用。

GPS 是由美国国防部发射的 24 颗卫星组成的全球定位、导航及授时系统。这 24 颗卫星分布在高度为 2 万千米的 6 个轨道上绕地球飞行。每条轨道上拥有 4 颗卫星,在地球上任何一点、任何时刻都可以同时接收到来自这 4 颗卫星的信号。也就是说 GPS 的卫星所发射的空间轨道信息覆盖着整个地球表面。

GPS 卫星定位系统由地面控制站、GPS 卫星网和 GPS 接收机三部分组成。地面控制站实施对 GPS 卫星的轨道控制及参数修正。GPS 卫星网向地面发射两个频率的定位导航信息,其中包括两个定位码信号,即C/A码(供世界范围内的民用)及P码(只供美国军方使用)。GPS接收机接收GPS卫星信号进行解算,即可确定接收机的位置(即船舶位置)。

GPS之所以能够定位导航,是因为每台GPS接收机无论在任何时刻、在地球上任何位置都可以同时接收到至少4颗GPS卫星发射的空间轨道信息。接收机通过对接收到的每颗卫星的定位信息进行解算,便可确定接收机的位置,从而提供高精度的三维(经度、纬度、高度)定位导航及授时系统。GPS接收机是被动式全天候系统,只收不发信号,故不受卫星系统和地面控制系统的控制。

GPS接收机的性能因机种不同而有所差异。接收机根据用户不同的使用需要可分为大地型GPS接收机和导航型GPS接收机两种。接收机都具有国际通用的标准仪器接口,可以和自动驾驶仪、雷达、电台、话音通道及计算机等仪器对接,以便迅速地将导航定位信息传送到关联的相应系统内。

7. 电子海图通信导航系统

电子海图通信导航系统是用来提供船舶导航、通信避碰、导航辅助、航行管理、遇难救险等功能的设备。它是根据国际海事组织关于安全航行方面的全球海上遇险与安全系统、电子海图信息系统、船载自动识别等系统规定研制的,将电子海图信息系统与移动通信、全球卫星定位、雷达系统以及船载自动识别系统等多项技术有机组合起来,实现了船舶的电子海图导航、通信、船位报告、航向航迹监测、避碰和报警。

电子海图通信导航系统利用多种通信手段来完成与中心站和其他移动站之间的通信联络和数据传输,并支持与多种标准设备连接,该系统俗称为船舶黑匣子。其主要功能如下:

(1)电子海图显示、操作及信息查询(船舶动态信息、参照物方位、地理信息、物标、信息、历史数据查询及轨迹重演)。

(2)定位与通信(连接GPS和通信设备)。

(3)导航辅助与避碰(连接雷达、自动识别系统、测深仪等设备)。

(4)其他(国际海事法律法规库查询、国际船舶代码库查询)。

8.自动操舵仪

船舶自动操舵仪通常称为自动舵,也称作自动驾驶仪或自动舵机等,是用来自动保持船舶在给定航向上航行的操纵装置。

(1)当船舶保持在原航向航行,舵叶未偏转而处于首尾线上时,船舶推进器转动而产生一股向后的水流,水流的反作用力把船舶推向前进,这时舵面与水流方向一致,所以只存在舵面和水的摩擦力,不存在使船舶转动的力矩,船舶向前航行而不转向。

当舵叶从首尾线向左偏转一个角度时,船舶向左转向;反之,舵叶向右舷时,船舶向右转向。在转向的同时,还增加了船舶航行的阻力,使航速减慢,并会使船舶产生微弱横移、横倾、纵倾等现象。

自动舵在工作中能连续测量和控制运行特性,以达到自动舵最佳预期功能。自行适应自动舵有参数自行适应控制和性能自行适应控制两种,采用计算机预编控制程序,在工作中可以不断修改。

自行适应自动舵克服了用舵太多、舵角大、阻力大、能量消耗多、偏离航迹等缺点,并能在运行中随着天气、装载等情况自动、随时、精确地进行比例、微分调节。据统计,用自行适应自动舵的船舶在 4~5 级海况下,可省油 1.5%,航向保持在 ±2° 以内,在 400 n mile 航程内航速可加快 2.4 kn。

(2)自动操舵仪是根据人的操舵规律而设计的装置。该系统的调节对象是船,被调节量是航向。

自动舵是一个闭环系统,包括航向给定环节、航向检测环节、给定航向与实际航向比较环节、航向偏差与舵角反馈比较环节、控制器、执行机构、舵、调节对象船舶、舵角反馈机构等。

(3)自动操舵仪上的操舵方式一般分为手柄操舵、随动操舵和自动操舵三种。

手柄操舵：手柄操舵在随动操舵和自动操舵都不能使用的情况下使用，也称应急操舵。它是把操舵手柄向左、右两个方向中的一个方向扳动，以此切换电路，使船舶在预定航向上行驶。

随动操舵：它是人工操舵方式，但与手柄操舵不同。手柄操舵时，手扳舵转，手放舵停。舵工根据舵角复示器的指示操舵，使它达到所要求的舵角，所以舵机是人工调节的。而随动操舵时，舵工扳动操舵手轮向某一方向，舵就向该方向偏转，待舵偏转到所要求的偏舵角时，舵叶自行停止转动，即舵机是自动调节的。当操舵手轮在零位上时，舵叶停在首尾线上。只要向某一方向扳动手轮，舵就向某一方向偏转。待舵偏转到所要求的舵角时，舵自动停止，此时反馈信号与控制信号相等，偏转信号为零，舵叶停止转动。随动操舵比手动操舵减轻了舵工的劳动强度。

自动操舵：它是电桥操纵电位器由分罗经带动操舵系统，称为自动信号发送器。它将偏航信号变为电的控制信号，使自动舵工作。

（三）甲板机械

1. 锚机（系泊装置）

锚机是船舶的重要设备之一，它用来使船舶安全地停靠于码头或系泊于水面或浮筒上。起锚、抛锚和系缆等操作通常用锚机进行。锚机分电动锚机、液压锚机、人力锚机、蒸汽锚机四种，形式分为卧式起锚系缆绞盘机、立式起锚系缆绞盘机、立式系缆绞盘机和卧式系缆绞盘机四种。

"东方红2"船采用的是电动卧式起锚系缆绞盘机和电动立式系缆绞盘机两种，分别放置在前后甲板。

(1)锚机的主要构造：液压锚机（绞盘机）通常由油泵、电动机、止回阀、安全阀、转换阀、控制阀、平衡阀、冷却器、滤器、油柜、管路、绞链轮、系缆滚筒、底座、支架等组成,如图 1-6 所示。电动锚机(绞盘机)由系缆滚筒、墙架、绞链轮、减速箱、离合器装置、锚链管、止链器、刹车、电动机等组成。电动锚机如图 1-7 所示。

图 1-6　液压锚机

图 1-7　电动锚机

(2)抛锚:一般船舶以锚及锚链的重力自由落体进行抛锚,这种形式抛锚速度快。但如果抛锚速度太快,会使锚链在链轮上的跳动剧增,使锚链有从链轮中跳出的危险,因此一般用手动带式制动器来调节抛锚速度。当深水抛锚时,因深度太大,锚及锚链很重,下落的速度很快,手动制动器不易控制,所以一般采用电动抛锚。抛完锚后应立即升锚球或开锚灯,以示意该船在锚泊,过往船只应避让。

很多人都会问这样一个问题,为什么如此小的锚能系留住大船,而船舶在岸边抛锚时,有时岸在船的左侧,有时在右侧?我们知道船舶在海上停泊的方法主要是抛锚,用锚和锚链把船系留在预定的海区。在抛锚时,驾驶人员根据海区的深度(最深不能超过 80 m,也就是说船舶上的锚机起锚深度在 80 m 以内,深水锚机除外),计算出抛下锚链的节数。常规为锚链长度是水深的 3~5 倍。在恶劣天气或流速较大的海区抛锚时,锚链应是水深的 5~6 倍,甚至更多,或者抛双锚。

把锚和锚链抛到海中后,锚和大部分锚链都沉入海底,依靠海流、涌浪和风的力量,或用倒车的方式使船离开抛锚点,船拉着锚链,使锚啮入泥土中,而且越拉锚爪越陷入泥土中。此时,锚和锚链就把船系留在预定位置。但船舶不是在原位置完全不动的,而是根据海流、涌浪和风的合力(常规以海流为主),以锚为中心、锚链为半径 360°转动。

船舶锚泊如图 1-8 所示。

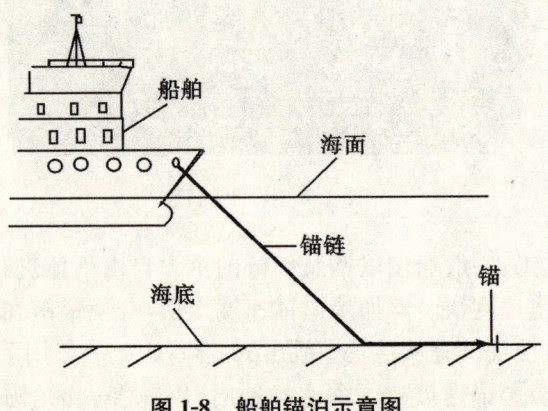

图 1-8 船舶锚泊示意图

(3) 起锚:

起锚速度:电动锚机一般分为三种速度,液压锚机为无级变速;最高速单锚每分钟 12 m,双锚为 8 m。

锚机克服水流、风及锚链阻力收进锚链从而使船向锚的方向移动。正常起锚从开始收绞锚链并把锚收绞到位,可分为四个阶段:第一阶段为起锚时,收起躺在水底的锚链,使船向抛锚处移动。第二阶段为逐渐张紧悬链,使悬链的形状改变,锚链拉力逐渐加大,锚链长度减小。第三阶段为拔锚出土,随着悬链的张紧,锚链的拉力增大,直至锚破土时拉力最大(锚破土时的拔锚力通常以二倍锚重来计算)。第四阶段为上绞垂链至收锚到位,此时锚机所受拉力随锚出土而立即变小。

(4) 系泊(绞缆):一般起锚机都具有系缆卷筒,可作为系泊时带缆用,与系缆绞盘、绞缆机作用相同。系缆时由于受力情况及变化因素很多,因此只能依据经验以系缆装置的额定拉力作为计算依据,它的特点是开始时需要很大的拉力,以克服船舶的惯性,以后拉力很快减小。所选用的缆绳断裂拉力应为额定拉力的 2~6 倍,并要求系缆拉力能克服风、水等阻力。

2. 锚

锚与锚机、锚链组成一个整体,它是确保船舶安全的主要舾装设备之一(舾装:对船上辅助设施的装配以及船员工作和生活区域的建造和装饰,施工内容不仅包括吊装、各类操纵机械、仪器仪表等设备的安装,还包括电器、木制品等制作安装。这个工段的施工一般是在整个船体制作完工下水之后再进行的。舾装又分为铁舾和木舾两部分,铁舾是指金属部分的舾装,木舾是指非金属部分的舾装)。

锚的类型:锚的种类很多,大致分为有杆锚、无杆锚、大抓力锚及特种锚四种类型。有杆锚包括海军锚、层洛门锚、单爪锚、日式锚;无杆锚包括霍尔锚、斯贝克锚、AC-14 型锚、DA-1 型锚;大抓力锚包括马式锚、丹福尔锚、施德林格锚、快艇锚、斯达托锚；特种锚主要是指供浮筒、囤船、浮船坞等永久性系泊锚，破冰船上所用的冰锚，帆船和小艇、救生筏用的浮锚（海锚）等。

一般的大中型船舶主要使用无杆的霍尔锚，这种锚具有制作简单、收藏方便、抓力较大、抓住性良好等优点，如图 1-9 所示。"东方红 2"船使用的是斯贝克锚，它是霍尔锚的改良型，其结构特点是锚冠处有锚冠板及加强筋，因此这种锚的爪极易转向地面，稳定性更好，而且收放时不易擦伤船的外板等。

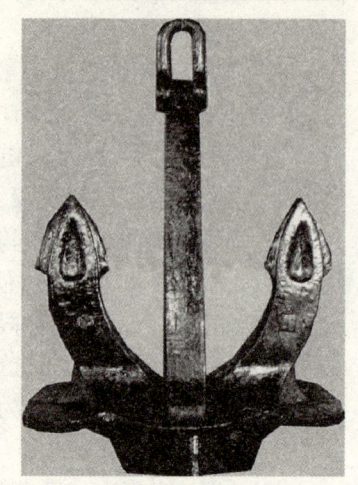

图 1-9　霍尔锚

3. 锚链

锚链分为铸钢、锻钢、电焊 3 种，形式分为有挡和无挡 2 种，如图 1-10 所示。船舶配备的锚链尺寸即锚链环直径常规为 12.5～122 mm，强度分为 1、2、3 级，其中 3 级最强。

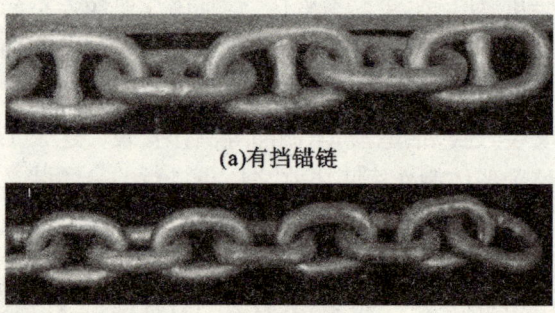

(a)有挡锚链

(b)无挡锚链

图 1-10　锚链示意图

常规船舶配备 6~7 节锚链,而且右锚链比左锚链多一节。每节锚链长度为 27.5 m;舰艇锚链每节长度为 20 m。每节锚链之间用连接链环或卸克连接,并在连接链环横挡上用金属线系成标记,再用白油漆刷上锚链节数,便于起抛锚计节用(锚链的长度单位为节)。

4. 海洋调查用绞车

调查用绞车是海洋调查中的重要设备之一,大部分海洋调查都需要用它来采集标本、取样和仪器观测等。有一部质量保证、操纵灵活的绞车对海洋调查起到至关重要的作用,所以平日对绞车的维护保养尤其重要。

(1)绞车的种类:按动力不同,绞车分为液压绞车、电动绞车、手摇绞车;按用途不同,绞车又分为地质绞车、生物绞车、水文绞车、CTD 绞车。

地质绞车主要用做地质取样和大型海洋仪器设备的拖曳。考虑以上用途,该绞车的钢缆比较粗,一般直径为 10~14 mm,长度为 5 000~8 000 m。与绞车配套的吊杆都选择门字架或 A 型架的结构,目的是可承受较大的负荷,便于大型仪器设备能安全地施放和收回到甲板。

生物绞车也可兼作水文绞车用,它配备有直径 4~6 mm 的钢缆 3 000~6 000 m,配有较高的吊杆,便于收放较长的生物取样网。

水文绞车在海洋调查时用得比较多,因此船上都配 2~3 台。一是海洋调查水文的项目较多,二是备用。它配有直径 4~6 mm 的钢缆 8 000~10 000 m。该绞车也可以兼做小型采泥器采样用。

CTD 绞车是专用绞车,与其他绞车主要的区别在钢缆。该绞车配备铠装钢缆,钢缆直径为 8~10 mm。所谓铠装钢缆就是在钢缆的中间有一根与钢缆绝缘的导线。当 CTD 仪器采集数据时,甲板终端与水下探头要用有线连接,水下探头的信号才能传回甲板终端,进行实时监控。铠装钢缆信号的回路分别由中间的导线和外层钢缆组成。

(2)绞车构造和使用:

①液压绞车:如图 1-11 所示,液压绞车由甲板部分和舱内部分组成。甲板部分由钢缆、钢缆滚筒、排缆器、滚筒支架、底座、油马达、计数器、操纵控制阀、电机启停开关等组成;舱内部分由电源控制箱、电机、油泵、各种阀门、管路、油柜、冷却器、保护装置等组成。

液压绞车的工作原理:电机带动油泵,使液压油产生一定的压力和流量到油马达推动钢缆滚筒旋转,中间在控制手柄的操作下,使液压油从两个方向进入油马达,一个方向向左旋转,另一个方向向右旋转。控制手柄的行程大小,控制液压油的流速大小,也就是我们说的转速快慢,即手柄行程越大,绞车转速就越快,手柄行程越小转速越慢。如果没有行程,手柄回原位时绞车停止旋转,此种绞车为无级变速绞车。

图 1-11 液压绞车

液压(电动)绞车使用及注意事项:

a. 使用前准备工作:检查配电箱;检查操纵手柄应在空挡处;检查油箱的油位是否正常(在 3/4 处),运转部件应按时加注润滑油;检查绞车及工作场所周围是否有障碍物;然后启动油泵(电机),观、听是否工作正常;检查绞车各部位是否处于正常状态;连接钢丝绳与仪器设备(已连接的应检查连接是否可靠),连接的仪器设备不能超过绞车的端点负荷(应考虑海况)。

b. 绞车的使用:操作人员要集中思想、听从指挥、注意观察;根据各仪器设备的性能要求,掌握操纵上下时的速度;当仪器设备从甲板至水面(或水面至甲板)的过程中,操纵人员应根据海况,小心、谨慎、灵活操纵绞车;随时观察排缆器、计数器、导向轮等工作是否正常;每个站位完工后,停止油泵(电机)运转,根据海况在甲板或实验室对仪器设备加以固定,并检查仪器设备各部位连接是否正常;如发现绞车及仪器设备有异常现象,应立即停车,采取措施,并报告有关人员。

c. 绞车使用后:站位完工后,应停止油泵(电机)运转,使其处于待车状态;航次任务结束后,应切断电源;检查、清洁、保养绞车;清理工作场地;在工作中如发现一些故障应随时向有关人员报告,并及时修复。

d. 维护保养:每周五上午对绞车通电检试一次,并把通电检试的情况汇报给实验室主任;定期对运动部件进行注油保养;定期对钢丝绳进行保养,如发现异常,应采取措施,并做拉力(负荷)试验(附报告)。

②电动绞车:由钢缆、钢缆滚筒、滚筒支架、底座、计数器、排缆器、传动机构、电机、电源控制箱、主令器等组成。

主令器控制电机的启动、停止和转速,一般分为 7 挡,即空挡、上升 3 个挡、下降 3 个挡。一挡绞车速度最慢,三挡绞车速度最快,工作方式均为定速绞车。优点是比较可靠、结构简单、容易保养,缺点是操纵不太灵活、车速不能连续变化、工作场所噪音较大。

③手摇绞车:液压和电动绞车都是固定在调查船上的配套设备,所以不能随意挪动。而手摇绞车是一种比较小的仪器吊放绞车,它是靠人力来完成的,用来吊放小型仪器设备,可在较浅的水层取样或施放仪器设备。手摇绞车由2个手摇柄、钢缆(一般直径为6 mm,长度为200 m)、滚筒、滚筒支架、保险装置、底座、变速齿轮、吊杆、滑轮等组成。

手摇绞车比较灵活,安装在任何船上都可以用,不受外因影响。操纵时要有一定的体力,可以一人操纵也可以两人操纵。在设计时绞车上要有一套保险装置,下降或上升时,人员都可以随时休息。

(四)船舶供电系统

船舶供电系统是船舶的重要组成部分,其运行的可靠性、经济性对保证船舶安全、经济运行具有重要意义。随着船舶的大型化和自动化,对船舶供电系统也会提出更高的要求。

供电系统由副机、应急发电机组、总配电板组成。

1. 副机(主发电机组柴油机)

副机是保障发电的动力。发电机将电源通过主配电板送往全船需要用电的各项设备、仪器等,保证船舶正常运行。

常规每艘船设有4台发电机组,其中3台为主发电机组,1台为应急发电机组。船用发电机组如图1-12所示。船舶在正常航行时,使用1台主发电机组,其他2台主发电机组为备用,在特殊情况下(离靠码头、狭窄航道、恶劣天气等)使用2台或3台发电机组。而应急发电机组,只能用在应急情况下,但每周要运转2小时,检查是否能正常工作以备应急。

2. 应急发电机组

应急发电机组安装在救生甲板上,当机舱或主发电机组发生故障、主电网失压时应急发电机组会自动启动,为船舶提供应急电源。

第一章　船舶基本知识

图 1-12　船用发电机组

需要提供应急电源的设备有：航行灯和航行中规定的其他灯具，包括航行失控灯具；救生设备存放处的应急照明和沿救生艇处的舷外应急照明；各居住区的走廊、各楼梯出口处、各载人电梯室内、机舱和主发电机处、各监控位置和各发电机监控室内、二氧化碳室、伙房、消防设备存放处、舵机舱和自动喷淋泵、应急消防泵、应急舱底泵及其电机启动设备场所的应急照明；应急消防泵和自动喷淋泵、舵机和舵角指示器、应急舱底泵；载人电梯用的使电梯厢转至最近登艇处的应急驱动装置；应急情况下所需的船内通信设备和信号设备；应急柴油机组的冷却水泵；水密门的控制系统，包括报警和指示设备以及防火门的指示系统；火警报警设备和防火门的开关装置；一般报警设备，包括船用电笛；二氧化碳报警设备；由国家主管当局规定的无线电系统、助航设备。

3. 总配电板

总配电板是船舶电力系统的中枢，一般由四部分组成，即发电机控制屏、并车屏、负载屏及连接母线。

主发电机组发出的电源，先进入主配电板，根据船舶设备仪器的要求，通过主配电板向外输送不同的电压和电流，还可以通过主配电板的仪表监视用电量大的机电设备运转是否正常，如果异常，该配电板也有保护电器设备的作用，能自动切断电源。为了保障主配电板正常运转,船上的机电设备和仪器都经过二次配电,而且船上所有的电器设备都接有地线,可保证人员安全。

(五)辅锅炉(船用全自动燃油锅炉)

在以柴油机为动力装置的船上,为了加热燃油、润滑油、水以及供应生活上所需要的蒸汽,都装有小型全自动燃油锅炉,它的形式很多。辅锅炉的特点是蒸发量小、气压低。这种锅炉对水位和气压的控制要求不高,容易实现全自动化控制。辅锅炉全自动化的内容包括水位自动控制、气压自动控制、启动和停炉的时序控制以及安全保护等。

一般船上装配2台全自动燃油锅炉,安装在机舱或锅炉舱内。根据船舶的用气量,选择锅炉的蒸发量。

(六)船用生活服务设备

1. 供水系统

根据船舶的用途不同,各种船舶的淡水舱(饮用水、洗涤用水)的数量及容积也不同。调查船的淡水舱容量要比其他船淡水舱容量大("东方红2"船淡水舱容量在450 t左右)。淡水舱与船上的燃油舱、滑油舱、压载舱、空舱有布局地分布在船舶底层。船上的淡水成本比较高,码头加水为15.00元/吨,用水船加水为26.00元/吨。船离港后,船上要节约用淡水。

(1)船上用水的来源:供水系统根据其用途的不同,可分为舷外水(海水、江水)系统、洗涤水系统和饮用水系统。

①舷外水:直接从舷外吸入的海水或江、河、湖水,供冷却机器和冲洗厕所、冲洗锚链用。

②淡水:由岸上或供水船供给的自来水或经过过滤净化处理后的江、河、湖水。可以供饮用、洗涤,有时也供冲洗用水。

③淡化水:由船上制淡设备将海水蒸馏而产生的蒸馏水,供锅炉用和饮用等。

(2)供水方式:

①生活区日用水:采用压力柜自动供水或重力柜由重力供水。目前以压力柜自动供水为主。

②机器设备的冷却水:采用水泵直接供给。用冷却水时启动水泵,不用时停止水泵。

2. 生活污水处理系统

(1)生活污水定义:生活污水是指来自任何形式的厕所、小便池以及厕所排水孔的排出物和其他排出物;医务室(病房、药房等)的面盆和这些排水孔的排出物;装有活的动物处所的排出物;混有上述排出物的其他废水。

(2)船舶排放生活污水的一般规定:

①船舶在距最近陆地 3 n mile 以外,使用经主管机关认可的设备,可排放经过粉碎和消毒的生活污水,或在距最近陆地 12 n mile 以外排放未经粉碎和消毒的生活污水。但不论在哪种情况下,不得将集污舱中的生活污水顷刻排放,而应在航行中,船速不小于 4 kn,以中等速度进行排放。

②船上备有经主管机关认可的生活污水处理装置,在运转同时排出的污水在周围的水域中不产生可见的漂浮固体,也不使水体变色。

③如船舶在某一国家所管辖的水域内,应按照该国可能实施的稍宽的要求排放生活污水。

④上述要求对下列情况例外:从船上排放生活污水,是为了保障船舶及船上人员安全或救护海上人命所需要者;或由于船舶或其设备受损而排放生活污水,如果在发生损坏以后,已采取了一切合理的预防措施来防止排放或其他排放减至最低限度。

3. 船舶空调

船舶采暖、通风和空气调节(简称船舶空调)的任务是对舱内空气进行处理,包括通风换气、干燥加湿、加热或冷却、净化再生、消毒杀菌等,使舱室内空气的温度、相对湿度、清洁度和流动速度保持在一定范围内。此外,船舶空调还必须考虑尽量降低噪声,以保证船员和旅客适当的工作和生活条件,或者满足某些仪器设备对环境气候的要求。

考虑到船舶乘员生理卫生方面的要求和空调设备的经济效果,船舶生活房间内合理的"人工气候"条件必须根据具体情况加以确定,各国都制定了空调室内设计标准。在运行管理中,也必须随船舶航行区域气候而随时加以调节。

船舶空调除某些特殊舱室要求恒温以满足工作或设备的要求外,一般舱室都属于"舒适空调"的范畴。所谓"舒适空调"是指人在某一环境温度、湿度范围的环境条件下感觉舒适,这时无论工作或休息均感觉良好。通常船舶空调的目的就是要创造起居舱室内的舒适温、湿条件。

空气的处理过程:空气调节器是对空气进行集中处理的设备。室外的新鲜空气和室内的回风空气,经过空气调节器集中处理(加温、降温、湿度处理和净化)后送入需要的舱室。

空气调节器的组成:空气调节器由空气混合室、风机、空气过滤器、冷却器(制冷机组)、加热器(锅炉供汽)、加湿器、消音室、空气分配室、风管、舱内布风器(调节风门)等组成。

对居住人员的要求:一般春秋季节,空调的作用只是为了增加室内的新鲜空气,不对空气进行加热或冷却处理,所以舱室的门窗不需要关闭。而冬夏季节,室内的空气需要加热或冷却,此时应把舱内的门窗关好,目的是节省能源、保持室温、减少浪费。

空气在船内的走向:启动空调的风机,使空气在一定的压力和流量下流动。空气分两路被吸入进气口,一路是舱内走廊的室内空气,一路是舱外的新鲜空气,两路空气混合后,通过过滤、在交换器内进行加热或冷却,再加湿后从风筒送往舱室内的布风器进入室内,使室内的空气从高往低进行流动,经过室内门下的风算进入走廊,再经过舱内走廊的吸口,空气进行循环流动,使舱内始终保持在规定的温度和湿度之内。

4.冷藏库

船上的冷藏库分为两部分:一部分是冷冻机组,包括空压机、冷却器、冷却水泵、储液缸、温度和压力控制系统等;另一部分是冷藏物品的舱室,有一定的仓容,内有蒸发器、风机、温度传感器、应急呼叫按钮、货架等。冷藏舱室内,用保温材料进行装饰,舱室的门是用隔音保温材料制成的。为了进出冷藏库,在冷藏库与其他舱室之间设有温度缓冲间,目的是减少冷藏库的冷气与外界的流动,起到保温作用。

船上的冷藏库分为肉库(-20℃)、鱼库(-20℃)、菜库(5℃)、蛋库(5℃)、粮库(0℃)等,根据船舶续航力设置库容积的大小。冷藏库位置离船上的伙房垂直位置较近(在水线以下),用升降机把食品直接送到伙房。

出海前(即备航阶段),根据出海任务性质,大厨与管理员应制订采购计划,包括粮、肉、蛋、鱼、蔬菜等。蔬菜在冷库内,一般存放7天左右,所以在采购蔬菜时,应根据出海时间长短,采购食根与径的蔬菜,目的是既能吃到蔬菜又能保存较长的时间。

5.伙房、餐厅

船上的伙房设备较先进,设有蒸箱、蒸锅、烧柴油的锅灶和面机、微波炉、电烤箱、电煎锅、电饭锅等设备。

(1)厨师的配备:在远洋货轮上,船舶的自动化程度比较高,船员的最低配员相对就较少,一般为15~20名,所以厨师基本配备1~2名,有的船上甚至不配备厨师,由其他船员兼职厨师。调查船配厨师的数量不是固定的,要根据远洋公司的有关文件,在原有厨师的基础上,每增加20~25名调查人员或学生,要增加1名厨师。

(2)餐厅设在船上环境最好的位置,而且离伙房要近。调查船的餐厅兼作教室(会议室)。另外船上还设有一个高级船员餐厅,该餐厅在远洋的货船上只供高级船员使用,餐厅还兼船员和乘员娱乐学习的场所。

6.住舱(房间)

在设计建造调查船时,首先要考虑船员和乘员多少,即额定乘员数。住舱的位置在设计时要考虑到工作的方便性,有的住房兼工作岗位,可以在住舱指挥和监督仪器设备是否能正常运转。

(1)住舱的分布与船员的职务岗位有关,应便于工作。客船或调查船的客舱是按等级和区域划分的。一等住舱在位置、环境、可视度方面为最佳,五等住舱为散舱,一般住十几人或者是几十个人。按区域就是把船分成上下前后几个区域,是为了遇险时,如火灾、进水等情况,可以把某个区域分隔开。

(2)居住人数与住舱的设施:除特殊的住舱外,舱室内的布局分为带有卫生间的住舱和不带卫生间的单人间、双人间、四人间、六人间、八人间等。货轮大部分为单人间和单人套间,客船、调查船等有多人间。

常规住舱设有写字台、衣橱、床、顶灯、台灯、床头灯、局域自动电话、广播(扬声器)、书架、救生衣柜、救生衣、沙发、洗脸盆、温度报警器(火警探头)、布风器(中央空调的调节风门)。在门的下方有一逃生小门,小门上设有通风箅。主甲板以下的住舱设有双层舷窗(一层玻璃窗、一层钢窗),主甲板以上为单层舷窗(一层玻璃窗),在每个床头都有一张应变任务卡,门上贴有住舱号,住舱号的第一个号为船的层次,排序方式与楼房相同。由船尾向船头看,左舷为单号,右舷为双号,从船头往船尾排序。

(3)第一次上船住宿时应注意以下几点:了解分配的住舱在船上的第几层,住舱号是多少,如217,2为船舱的二层,17为住舱号,单号在左舷,双号在右舷;尽早熟悉从你的住舱到救生甲板的路线即"逃生路线",而且要多熟悉几条;检查住舱救生衣放在何处，属具是否齐全；记住床头应变任务卡上的内容，方便应急使用；冬、夏季开空调时，应关闭舱室的舷窗和门，包括走廊内的门；禁止在住舱用明火电器，禁止在床上吸烟，禁止在舱内大声喧哗，影响他人工作和休息；按时就寝，超过规定时间，船上就会停止供应淡水，影响洗漱（船上作息时间：0630 起床，0730～0800 早餐，1130～1200 午餐，1730～1800 晚餐，2230 休息，2330～2400 夜餐（在夜间工作或值班的人员加餐））；夜晚睡觉不要锁门（遇有紧急情况方便出入）；住舱应保持清洁、卫生；通过走廊上的防火门时，请不要停留，以防断电防火门自动关闭挤伤人（带闭门器的门为防火门，闭门器释放时弹力很大）。

7. 船上油舱、水舱、压载舱的分布

根据船舶的种类、用途不同，船上的油舱、水舱、压载舱的舱容也不同，但这些舱都设计在水线以下，主要是从以下几方面进行考虑：安全、防冻、防火、稳性、空间和舱室利用、便于管理和操作等。

船舶的舱室，货船主要以货舱为主，调查船主要以实验室和调查人员的住舱为主。船舶的油舱、水舱、压载舱容量根据船舶的航区、吨位、人员来确定最大续航力。

（1）油舱：储存船上机器设备所用燃料和润滑油的舱室。油的品种分为燃料油、润滑油、小品种油和污油，其中以燃料油为主。"东方红 2"船装载 300 t 左右。

（2）水舱（淡水）：储存在船人员生活和机器设备所用淡水的舱室。淡水分为饮用水、洗涤用水。船上的淡水是有限的，要节约用淡水，保证任务能正常完成。"东方红 2"船能装载 450 t 左右。

（3）压载舱：当船舶在空载或使船平衡时，需要将压载舱装满海水（或淡水）使船保持稳性和调节船舶平衡，使船正常航行。压载舱分布在水线以下，从船首到船尾，从左舷到右舷，分布在各舱室之间。在必要时，油舱和水舱也可以用做载压，确保船舶人员安全。

(七)电台

1. GMDSS 通讯的功能

什么是 GMDSS？从总体上说，GMDSS 是"全球海事遇难安全系统"的英文（Global Maritime Distress Safety System）缩写，它是一个服从于《1974 年国际海上搜寻与救助公约》的全球性通信网络。

这个通信系统的目的是最大限度地保障海上人身与财产安全。整个系统要能够做到当海上发生遇险事件时，岸上的搜救机构或在遇险船舶附近的其他船舶能够立即得到遇险的报警，并以最短的时间延迟进行协调救助。该系统还提供必要的预防措施，如定时发布有助于海上航行的安全信息，包括航行警告、气象预报和其他海上紧急信息。

另外，船舶可利用满足 GMDSS 要求的通信设备，在各自的航行区域内，可靠地完成正常业务通信。也就是 GMDSS 能满足遇险船舶的可靠报警，可对遇险船舶进行识别、定位；满足救助单位之间的协调通信、救助现场的通信；提供可靠及时的预防措施以及满足船与岸之间日常通信等各项要求。

(1)报警：迅速并成功地把遇险事件提供给可能予以救助的单位。如这些单位是岸上某一救助协调中心或相邻的某一艘船舶，称为船对岸和船对船报警。当某一个救助协调中心收到报警后，通过岸台或岸站向遇险船附近某一艘船发出报警前去营救或监护等，则称为岸对船报警。因此，在 GMDSS 中，报警是三个方向的，即船对岸报警、船对船报警和岸对船报警。

(2)搜救协调通信：搜救协调中心通过岸台或岸站与遇险船及参与救助的船舶、飞机、陆地上其他的搜救中心进行有关搜救的直接通信，称为搜救协调通信。搜救协调通信是双方对有关船舶遇险与安全信息的交换，它具备双向的通信功能，与报警功能中向某一方向传输特定信息不同。

(3)搜救现场通信:救助现场与救助的船舶之间、船舶与飞机之间、救助船与遇险船之间的相互通信称为现场通信。它包括救助指挥船与其他船、船与救生艇、指挥船与救助飞机之间的现场通信。一般情况下,这种通信的距离比较近。

(4)寻位:寻位信号是指遇险船舶或救生艇发出的一种无线电信号。它便于救助船和飞机去寻找遇难船舶、救生艇或幸存的人员。

(5)海上安全信息的播发:GMDSS 提供各种手段发布航行警告、气象预报和其他各种紧急信息,以保证航行安全。它要求任何一个服从 SOLAS(国际海上人命安全)公约的船舶必须具备接收这些信息的设备。

(6)一般公众业务的通信:系统要求配备的通信设备,除进行遇险、紧急和安全通信外,还能进行有关公众业务的通信,也就是船舶与岸上管理部门、用户进行有关管理、调度、货物及个人方面的通信。其中某些通信从本质上讲也是为了保证船舶航行的安全,如引航和拖轮的需求、货物情况、有关修理、备件等。

(7)驾驶台对驾驶台的通信:驾驶台之间的通信包括传递有关航行安全等避让信息,以及水上交通管制系统中的 VHF(甚高频)通信,这种通信在狭窄水道和繁忙航道航行中是非常重要的。

2. GMDSS 中的通信系统及其设备

在 GMDSS 中,为达到系统所具有的功能,需要使用两大通信系统:一是卫星通信分系统,它由 INMARSAT(国际海事卫星组织)和 COSPAS/SARSAT(极轨道卫星系统)组成;另一个是地面频率通信系统,它由 MF/HF/VHF(中频/高频/甚高频)通信系统组成。

现对 300 总吨以上的船舶及适用于 SOLAS 公约的所谓公约船配备无线电设备归纳如下:

(1)INMARSAT(国际海事卫星组织):国际海事卫星组织本

部设在伦敦。INMARSAT 组织由岸站、卫星(空间段)、船站、网络协调站和运行控制中心组成。

岸站:经卫星把陆地公众通信网与船站连接的接口。承担对陆站或船站呼叫码的分配;设置和监视卫星电路使用情况等。每个岸站至少应有电话和电传业务。

空间段:卫星上配有船岸之间的通信转发器,以中继船到岸和岸到船的通信信号。

船站:船舶地面站的简称,是指装在船上的地面站,能经卫星、海岸地面站和国际国内公众网的交换局与陆上用户进行地面联系。目前船舶使用的船站有 A 标准船站与 C 标准船站、B 标准船站、M 标准船站("东方红2"船现用 B 标准船站和 C 标准船站)。

(2) COSPAS/SARSAT 搜救卫星系统及其信标:COSPAS/SARSAT 搜救卫星系统是由加拿大、法国、美国、前苏联和其他国家联合开发的全球性系统。该系统目前使用五颗低高度极轨卫星,其功能是以中继信标发出的遇险报警信号,为全球(包括极区在内)提供卫星中继进行船对岸遇险报警。

(3) MF/HF/VHF 收发机及其通信终端:在 GMDSS 系统中,地面无线电通信是指使用 MF/HF/VHF 收发通信设备及其终端进行遇险报警、搜救协调通信、搜救现场通信及日常公众通信的系统。该系统实际上就是目前船舶为业务往来与岸台进行通信所使用的系统,它是目前海上通信的主要构成部分。其使用的频率范围是 MF 波段:415~4 000 kHz;HF 波段:4 000~27 500 kHz;VHF 波段:156~174 MHz。使用的终端设备是数字选择性呼叫(DSC)、窄带直接印字电报(NBDP)、单边带无线电电话(SSB.TP),在 VHF 波段使用甚高频无线电电话(VHF)。

(4) 海上安全信息的播发与接收设备

在 GMDSS 系统中,海上安全信息的播发与接收是一项重要的内容,除去前面由 INMARSAT 系统的岸站或网络协调站通过该系统的卫星在公众信息上播发远海域的海上安全信息外,还有岸基的 NAVTEX 业务。

NAVTEX 业务是在 518 kHz 频率上由各国主管部门指定的岸台向约 350 海里以内的海域范围航行的船舶,使用英语定时播发航行警告、气象预报和其他海上紧急信息。船上必备 NAVTEX 接收机自动接收该信息,并打印输出。

(5)搜救雷达应答器:在 GMDSS 系统中,使用搜救雷达应答器完成寻位功能。搜救雷达应答器在遇险时由人工启动或自动启动,响应 X 波段船舶导航雷达发来的脉冲("东方红2"船为 2 台 X 波段),并发出特殊序列的信号,以使船舶导航雷达荧光屏上显示不同于普通目标回波的亮点信号,并可依此判断出待救船只或个人的位置。

(6)岸台:GMDSS 系统中,岸台的任务是及时检测来自船舶的遇险报警,发射岸对船的遇险报警;能迅速将报警转至有关的搜救协调中心;在搜救协调通信中发挥转接作用,作为搜救协调中心或搜救部门通过陆地公众网或通信网与无线网之间的接口使用;在日常公众通信业务中为船舶服务,作为用户与船舶之间的转接器使用;为船舶播发航行警告、气象预报和其他海上紧急信息。

3. 电台的应急电源

作为应急电源,蓄电池在船舶无线电通信中占有重要的地位。随着科技的发展,现在船上配备的应急电源基本上采用的是免维护电瓶。免维护电瓶如果存放环境温度为 10℃～25℃,并使用保养到位,可以使用 8～10 年,但每月应至少充放电一次,以保证应急用。

船上供电台的电源分为三路供电方式:一路是船上的主发电机正常供电电源;一路是船上应急发电机供的应急电源;最后一路是蓄电池供的蓄电池应急电源。

以上的电源通过电台配备的不间断电源设备,不间断地向电台的各种通信设备供电,以保证通信畅通。

第二节 船舶适航必备条件

一、船舶航行应具备的条件

船舶应具备以下条件方可航行:
(1)经海事管理机构认可的船舶检验机构依法检验并持有合格的船舶检验证书;
(2)经海事管理机构依法登记并持有船舶登记证书;
(3)配备符合国务院交通主管部门规定的船员;
(4)配备必要的航行资料。

二、船舶登记

(一)船舶登记的目的

船舶登记的目的是证明船舶的国籍,确定船籍港,并享有悬挂国旗权及在该国沿海和内河航行权,在海上航行可得到该国海军的保护,到达外国港口后可受到该国驻外使节的保护和协助。

(二)船舶检验机构

为了保障海上船舶及船上人身安全和防止海上污染,必须有一个监督机构,来对船舶及船用材料、机械设备进行监督检查,使其符合有关国际公约、国家规定和船舶检验机构规范的各项要求,以确保船舶具备保证安全和防止船舶污染海洋的技术条件。

从设计船舶建造图纸开始,到船舶设备的制造都有船舶检验局的审图师和验船师把守质量关。船舶在建造过程中及造成后,都要经过船舶检验局的各专业验船师进行建造入级检验、初级检验、定期检验,然后由船舶检验局和海事局机构进行登记,才能发给相应的船舶适航证书和文件。在进出港口时这些证书和文件,必须由海事部门进行检验。当船舶发生事故时,它们也是海事部门处理的重要依据,所以必须妥善保管船舶证书和文件。

船舶检验机构基本上有两种性质,一种是国家的船舶技术监督机构,另一种是民间性质的船级社。一般对国内的船舶由船舶检验局检验,对外国的船舶由中国船级社检验。

(三)船舶监督检查机构

根据国际公约和我国有关法规规定,对于三类航区以上的船舶应进行经常性安全检查,以保证船舶设备处于良好的技术状态。主管检察机关是中华人民共和国海事局及沿海各省市海事局。检查人员应根据船方的申请,半年之内检查一次;或者,海事局的检查人员随时登船例行检查。在对船舶进行检查时,首先由船长向检查人员汇报航行及设备的安全情况,然后派船上有关人员陪同检查,并执行检查人员提出的现场操作和调试要求。陪同检查的人员要支持、配合检查工作,不得违章或人为制造麻烦,否则检察机关有权给予处罚。

1. 安全检查的项目

(1)船舶证书及有关文件、资料;

(2)船员及其配备;

(3)救生设备;

(4)消防设备;

(5)事故预防措施;

(6)一般安全设施;

(7)报警设施;

(8)货物积载及其装卸设备;

(9)载重线要求;

(10)系泊设施;

(11)推进和辅助机械;

(12)航行设备;
(13)无线电设备;
(14)防污染设备;
(15)液货装载设施;
(16)船员对与其岗位职责相关的设施、设备的实际操作能力。

2. 检查结果及处理意见

检查人员对项目的检查结果和处理意见以符号和代码填写在船舶安全检查通知书的方格内。处理意见包括无缺陷、尽快纠正、开航前纠正、下一港口纠正、国外第一港口纠正、修船时纠正、船籍港纠正、滞留、罚款、其他等意见。船舶安全检查通知书上要加盖公章,一式三份,一份留船,一份交"船东",一份由海事局存档。

3. 复查与检查期限

国内航行的船舶在上一港检查时如存在缺陷,并且上一港提出改善要求时,该船在抵达港 24 h 内,要向所在港海事部门申请复查。主管机关经复查后在其船舶安全检查通知书上盖有已改善章或签署补充意见后,才可以准许出口联检和签证。(注:①我国各地港口城市都设有中华人民共和国海事局或办事处和中华人民共和国船舶检验局或办事处,如中华人民共和国青岛海事局和中华人民共和国青岛船舶检验局。②联检是对出入国门的船舶,国家多机关到船上联合检查的简称。这些国家机关由中华人民共和国各沿海省市海事局牵头任组长,成员有中华人民共和国动植物检疫局、中华人民共和国海关、中华人民共和国边防检查站、中华人民共和国卫生检疫局、中华人民共和国进出口商品检验局。)

(四)相关证书

船舶主要证书和文件在进出港时,都要受到主管部门的检验和检查,如果发现证书和文件不齐或者其中有失效者,将不准船舶离港,直至备齐或办妥证书才准予离港。在外国港口,证书和文件不齐或者失效者,可能会因此而支付罚款。

1. 船舶国籍证书、船舶所有权证书

"船舶国籍证书"和"船舶所有权证书"是证明船舶的国籍、船籍和船舶的所有权证书。该证书登记时,要持有船舶建造厂家和船舶单位的证明及该船的建造图纸,到当地港口海事管理部门办理,在不变更"船东"的情况下,该证书有效期为五年。

2. 船舶适航证书、船体入级证书、轮机入级证书

经过船舶检验部门检验后的船舶,在确定了船舶具备安全航行所必需的技术条件后,应发给船舶入级证书(船舶适航证书、船体入级证书和轮机入级证书,这三个证书齐全后,再发给船舶入级证书),该证书记载了船舶等级、主要技术性能、登记尺度、设备状况、准予航行的区域、装运的货种和载运旅客的定额等内容,证书有效期为五年。但每年要进行年度检验,每五年特别检验更新证书。

3. 吨位证书

"吨位证书"是船舶丈量的证件,主要记载船舶的总登记吨和净登记吨的数值。总登记吨反映船舶建造规模,净登记吨是征税款和交纳港口使用费的依据。

4. 国际船舶载重线证书

国际船舶载重线是船舶装载量的限度,是监督和维护货运安全的重要标准。该证书有效期为五年,但每年要经验船机构检验方可有效。

5. 设备安全证书(客船安全证书)

经船舶检验局检验,符合海上人命安全公约的有关构造(分舱与稳性、电机设备及防火、探火、灭火)、救生设备和无线电方面的要求及规则上的任何要求,才能发给"设备安全证书",有效期为一年。

6. 国际防止油污证书

船舶检验局根据《1973年国际防止船舶造成污染公约》

(MARPOL73/78)的基本要求对有关技术设备进行检验,符合要求的发给"国际防止油污证书",明确船舶污染物的排放标准,对特殊操作制定操作程序或手册,并要求船舶对这些操作进行记录。港口国通过检查船舶的证书、操作程序和操作记录,判断该船是否符合公约的要求。该证书有效期为五年,但每年要进行年度检验。

7. 最低配员证书

为了保障船舶的航行安全,海事局应按船舶的性质、吨位、自动化程度,最低限度地配备船员。

8. 其他检验报告

其他检验报告包括无线电台检验报告;救生艇、筏检验报告;锅炉安全的检验报告;救生设备、救火设备等检验报告。所有检验报告都是证书的附件,有效期为一年。

三、船舶资料名称

(一)船舶基本参数

(1)最大长度:船首最前端至船尾最后端之间的水平距离。

(2)型宽:在船舶最宽处,两舷肋骨外缘之间的横向水平距离。

(3)型深:在船长中点处自平板龙骨上缘量至上层连续甲板(上甲板)横梁上缘的垂直距离。

(4)吃水:在船舶中点处由平板龙骨的上缘量到夏季载重线的垂直距离,通常称为型吃水。

(5)满载排水量:船舶在吃水达到其夏季载重线时的船体、机械、设备、备件、货物、燃料、淡水和船员的重量之和。满载排水量和空载排水量之差即船舶载重量。

(6)空载排水量:船舶本身的重量(不包括油、水、人员、货物)。

(7)额定定员:船员和包括乘客在内的最大限定人数。

(8)最大航速:在满载排水量下,不受风、海流的影响,船上所有推进装置在最大负荷的情况下,船舶每小时航行的速度,用节表示。

(9) 经济航速：在规定的装载状态及航行条件下，主动力装置持续运行在最佳工作状态，船舶每海里燃油消耗量最少时所达到的速度。

(10) 最大续航能力：船舶在海上航行的最大距离或海上作业的最长时间。

(11) 船舶呼号：国家无线电管理委员会分配给每艘船舶的电台名称，呼号由英文字母和数字组成。中国籍的船舶是英文字母B开头，如东方红2号船呼号为BBRF，也可以说是船的身份证。

(12) 船名："船东"向船舶所在地的海事部门提出申请，经审查、核对批复后即可生效。

(13) 船籍港：亦称船舶登记港，简称登记港，是指船舶所有人办理船舶所有权登记的港口。船籍港的名称应在船舶国籍证书、船舶登记证书内载明，并在船尾明显标出。

(14) 建造日期：船舶建造安放龙骨的日期。

(二) 船舶种类

1. 按用途分类

(1) 运输船：客船、客货船、轮渡、滚装船、集装箱船、干货船、液货船、散货船、冷藏船等。

(2) 工程船及专用船：挖泥船、起重船、救捞船、海洋调查船、破冰船等。

(3) 辅助船：拖船、消防船、引航船、供油水船、交通船、浮油回收船等。

2. 按航区分类

按航区不同可分为有无限航区、近洋航区、沿海航区、近岸航区。

(1) 无限航区：海上任何通航水域，包括世界各国的开放港口和国际通航运河及河流。

(2) 近洋航区:北纬 55°至北回归线之间与东经 142°以西的太平洋水域以及北回归线至赤道之间与东经 99°以东、东经 130°以西所包括的太平洋水域(俗称东南亚航线、中日韩航线)。

(3) 沿海航区:中国的近岸航区、黄海、东海、南海和中国各沿海港口的水域。

(4) 近岸航区:距中国海岸不超过 50 n mile 或按习惯航线航行中国沿海港口水域。

3. 按吨位分类

按吨位不同可分为 3 000 总吨以上、700～3 000 总吨、700 总吨以下等。

4. 按推进动力分类

按推进动力不同可分为 3 000 kW 以上(4 080 马力)、3 000 kW 以下等。

四、船员

(一) 分类

1. 甲板部门

甲板部门主要负责船舶航行、船体保养,船舶营运中的货物装载、货物照管;主管驾驶设备、航海图书资料和通讯设备;负责救生、消防、堵漏器材的管理;主管船舱(房间)、锚、系缆和装卸设备的保养。

2. 轮机部门

轮机部门主要负责船舶各种动力设备,如主机、副机、锅炉、辅机及各类机电设备的管理、使用和维护保养;负责全船电力系统的管理和维护工作。

3. 事务部门

事务部门主要负责船员和科考人员的伙食、生活服务和财务工作。

4. 实验部门

实验部门主要负责船上各实验室海洋调查仪器设备的管理与使用、甲板上绞车的使用保养；协调外单位来船调查人员的生活与工作，指导与管理学生上船实习工作；海上作业时如仪器设备发生故障，协调船上其他部门与协作单位一起修复，保证调查设备和人员的安全。

(二)科学调查船船员的配置与职责

1. 船员隶属关系

船员隶属关系见图 1-13。

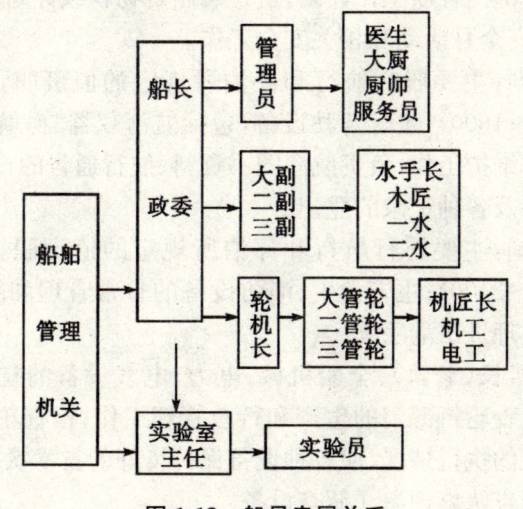

图 1-13　船员隶属关系

2. 船员职责

(1)船长：船舶的主要领导人，负责船舶安全航行和行政管理工作。主要工作包括：领导全体船员贯彻国家的方针政策、传达单位各项指示和规定、优质全面地完成单位交给的任务、最大限度地保障船舶和人身财产的安全；检查各项规章制度的执行情况，保持船舶正常航行;严守国际公约和地区性规定,承担应尽的国际义务;如遇应急情况,与船上有关人员协商,果断而稳妥地处理好各项事务。

(2)政委:船舶领导之一,受上级党委和行政双重领导。主要负责船舶党务工作、思想政治工作、精神文明工作、保卫工作;协助船长做好行政管理工作;安排、接待临时上船人员。

(3)大副:主要负责甲板部门日常工作,协助船长做好安全生产和船舶航行工作,担任航行值班(0400~0800、1600~2000 共 8 小时);主管货物装卸和甲板部门养护工作的分工;负责制订并组织实施甲板部门各项工作计划;负责编制货物积载计划、维护保养计划,主持安全月活动和相关安全工作。

(4)二副:主要履行航行和停泊所规定的值班职责(2400~0400、1200~1600);主管驾驶设备,包括航海仪器、操航仪等正确使用和日常维护工作;负责航海图书资料、航行通告的日常管理和更正工作以及各种记录的登记。

(5)三副:主要履行航行和停泊所规定的值班职责(0800~1200、2000~2400);主管救生、消防设备的日常管理和维护工作,协助船长办理进出港手续。

(6)轮机长(老轨):全船机械、电力、电气设备的技术总负责人。全面负责轮机部门的生产和行政管理工作;检查轮机部门各项规章制度的执行情况,使各种设备保持良好的技术状态;协助临时上船的调查队修理海洋调查设备。

(7)大管轮(二轨):主要在轮机长的领导下,参加机舱航行和停泊所规定的值班职责(0400~0800、1600~2000),维持机舱正常的工作秩序;主管推进装置(主机、轴系、螺旋桨)及附加设备和应急装置的使用和维护;负责轮机部门的日常工作。

(8)二管轮(三轨):主要履行轮机值班职责(2400~0400、1200~1600);主管辅机(发电源动机)及其附属系统、应急发电系统;负责燃油柜、驳运泵、分油机、空压机、油水分离设备和污油柜的使用和维护工作;测量燃油、润滑油、污油的储量。

(9)三管轮(四轨):主要履行轮机值班职责(0800～1200、2000～2400);主管副锅炉及其附属系统、各种水泵、甲板机械、应急设备和各种管系的维护工作。

(10)管理员(管事):具体负责全船的生活服务工作:采购、补给生活用品;负责船上的各种现金账目;协助船长办理进出港有关手续和有关客运工作;负责接待外来人员工作。

(11)无线电人员(报务员):STCW78/95公约规定,从1999年2月1日开始取消此岗位,由船长、大副、二副、三副代替行使其职责。

(12)水手长:主要在大副领导下,具体负责木匠和水手工作;做好锚、缆、装卸设备的养护维修工作;带领水手做好油漆、帆缆、高空、舷外、起重、操舵及其他船艺工作和管理帆缆仓库、危险品仓库;离靠码头时,服从大副指挥。

(13)医生:隶属于事务部门,主要在船长、政委领导下,进行疾病预防、采购常规和急救药品、医治患者工作;检查船上伙房及公共场所卫生。

(14)大厨:主要负责全船伙食安排;制订航次出海任务的伙食计划,保管和检查冷库中的食品;带领厨师搞好伙房、冷库、工作间的卫生工作,保障船上人员的伙食安全。

(15)厨师:在大厨的直接领导下,开展伙房的具体工作。

(16)服务员:负责生活场所、客舱的卫生;负责发放和回收临时上船人员的卧具、船上生活用品保养以及接待工作。

(17)机匠长:在大管轮的直接领导下,负责轮机部门的备件与工具仓库的管理工作,管理船上的机床、钻床、电气焊设备等。

(18)机工:在管轮的领导下,在机舱值航行与停泊班;在机匠长的带领或安排下,执行机舱和机械设备的保养工作;离靠码头时,听从大管轮的指挥。

(19)一水(一级水手):执行舵手,同驾驶员一起值航行班和日常甲板部门的维护保养工作;离靠码头时,服从大副指挥。

(20)二水(二级水手):执行带缆、收放舷梯和甲板部门各项水手工作。

(21)木匠:执行木工及有关航次维修和保养工作;负责起锚机的操作和保养工作;负责淡水舱、压载舱及植物油舱的测量及维护工作;负责水密门、水密窗的检查保养工作。

(22)实验室主任:负责实验室全面工作,管理实验室的其他人员,保持海洋调查仪器设备处于良好的工作状态;组织全体实验室人员进行专业学习和培训;协调与船上其他单位人员的关系;负责学生上船后的安全和实习工作。

(23)实验员:主要完成实验室主任安排的任务,船靠码头时值停泊安全班;熟练掌握各种海洋调查仪器设备的使用、维护和保养工作,使自己管理的海洋仪器设备处于良好的工作技术状态;在船时,应严格遵守船上的各种规章制度,带领学生做好海上教学实践课,保证学生和仪器的安全。

五、船员资格证书

船舶在开航前,三副要带上有效的各种船舶证书和船员的适任证书、船员服务簿到船舶所停靠的海事监督部门办理签证手续。海事局签证人员在审查船舶应配的各种设备及船员证书合格后,方可签证放行。船舶离港前(离码头)或到港前(靠码头)还要用甚高频电话向海事局的海上交管中心请示,同意后方可实施进港或出港。

(一)专业训练合格证(四小证)

所有在船工作的船员,上船前都要到海事局指定的专业训练学校,进行为期20~30天的海上求生、海上急救、船舶消防、救生艇筏操纵专业学习与实际操作。然后由海事局组织进行笔试与实际操作考试,合格者发给"专业训练合格证"。上船后,此证交由船长保管。

(二)船员服务簿

与"专业训练合格证"一样,每位船员都应持有"船员服务簿"。在取得了"专业训练合格证"后,船属单位有关人员就可以到海事局办理船员的"船员服务簿",该船员就有资格上船工作。"船员服务簿"的功能是记录船员本人的服务资历和参加有关专业训练和体格检查的情况,是船员申请考取适任证书、办理职务签证和换取"船员适任证书"的证明证件之一。

船员上船任职或解职均须由船长在该簿的相应栏目内逐项认真填写并签名。船员服务簿内容有船名、总吨位和主机马力、船舶所有人、上船任职日期和地点、解职离船日期和地点、职务。"船员服务簿"由船长签章。

(三)船员适任证书

根据最新版本的《中华人民共和国船员适任证书考试评估的发证规则》,船员适任证书与等级划分如下。

1. 甲类适任证书

(1)无限航区 3 000 总吨及以上船舶的船长、大副、二副、三副。

(2)无限航区主推装置 3 000 kW 及以上船舶轮机长、大管轮、二管轮、三管轮。

(3)GMDSS 一级无线电子员。

(4)GMDSS 二级无线电子员。

(5)GMDSS 通用操作员。

2. 乙类适任证书

(1)近洋航区 3 000 总吨及以上船舶的船长、大副、二副、三副。

(2)近洋航区 500～3 000 总吨船舶的船长、大副、二副、三副。

(3)近洋航区主推进动力装置 3 000 kW 及以上船舶的轮机长、大管轮、二管轮、三管轮。

(4)近洋航区主推进动力装置 750～3 000 kW 船舶的轮机长、大管轮、二管轮、三管轮。

(5)无限航区 500 总吨及以上航区的值班水手。

(6)无限航区 750 kW 及以上船舶的值班机工。

3. 丙类适任证书

(1)沿海航区 3 000 总吨及以上船舶的船长、大副、二副、三副。

(2)沿海航区 500～3 000 总吨船舶的船长、大副、二副、三副。

(3)沿海航区主推进动力装置 3 000 kW 及以上船舶的轮机长、大管轮、二管轮、三管轮。

(4)沿海航区主推进动力装置 750～3 000 kW 船舶的轮机长、大管轮、二管轮、三管轮。

(5)GMDSS 限用操作员。

(6)沿海航区 500 总吨及以上船舶的值班水手。

(7)沿海航区主推进动力装置 750 kW 及以上船舶的值班机工。

4. 丁类适任证书

(1)近岸航区未满 500 总吨船舶的船长、大副、二副、三副。

(2)近岸航区主推进动力装置未满 750 kW 船舶的轮机长、大管轮、二管轮、三管轮。

(3)进岸航区未满 500 总吨船舶的值班水手。

(4)进岸航区主推进动力装置未满 750 kW 船舶的值班机工。

在拖轮上任职的船长和甲板部船员所持适任证书的等级与该拖轮主推进动力装置功率的等级相一致。

考取适任证书的要求：

(1) 初次申请 500 总吨及以上船员适任证书者，应完成不少于 2 年的航海类相关专业的职业教育或者完成航海类相关专业的中专及以上的学历教育，并有相应的海上资历；

(2) 申请无限航区船舶大副、船长适任证书者，应完成航海类相关专业的高等职业教育或者完成航海类相关专业的大专及以上学历教育。

船长和驾驶员参考的科目为船长业务、航海学、船舶值班与避碰、船舶操纵、航海气象与海洋学、航海英语、海上货物运输、船舶管理、船舶结构与设备。

轮机长和轮机员参考的科目为轮机长业务、轮机工程基础、主推进动力装置、船舶辅机、轮机英语、轮机自动化、船舶电气、轮机维护与修理、船舶管理（轮机）。

甲、乙类与丙类的区别在于甲、乙类多一门英语科目。

(四) 高级消防员证书

为了加强船舶消防安全知识的普及和应用，从 2000 年开始对船上的高级船员进行强制专业培训，通过海事局考试合格后发给"高级消防员证书"。

(五) GMDSS 设备操作证书

"GMDSS 设备操作证书"包括"一级无线电电子证书""二级无线电电子证书""普通操作员证书""限用操作员证书"。

GMDSS 即全球海上遇险与安全系统。该系统是一个服从于 1979 年国际海上搜寻与救助公约的全球性通信网络。这个通信网络的目的是最大限度地保障海上人员的人身与财产安全。整个系统能够做到当海上发生遇险事件时，岸上的搜救机构或在遇险船舶附近的其他船舶能够立即收到遇险的报警，以最短的时间延迟进行协调救助。该系统定时发布有助于海上航行安全的信息，如航行警告、气象预报、海上紧急信息和常规的船舶业务通信。掌握使用该系统是保障船舶人身财产的关键。通过培训、考试,每艘船必须配一名持"二级无线电电子证书"以上的专业人员或两名持有"普通操作员证书"以上的兼职驾驶人员。

第三节 "东方红 2"船基本知识介绍

一、"东方红 2"船的基本技术参数

"东方红 2"船船长 96 m,型宽 15 m,型深 8 m,干舷高度 2.8 m,设计吃水 5 m,结构吃水 5.5 m,总吨位 3 235 t,净吨位 970 t,主机功率 1 600 kW×2,副机总功率 980 kW(280 kW×1、350 kW×2),最高航速 18 kn,经济航速 13 kn,定员(包括船员 45 人)196 人,续航力 13 000 n mile 自给力 60 昼夜,航区为无限航区(南、北纬 60°以内)。

二、"东方红 2"船的主要性能

(1)航速:在设计吃水 5 m、风力不大于蒲氏风标 3 级、海况小于 2 级的情况下,2 台德国 MAK 主机最大功率时航速不小于 18 kn,使用单机额定功率,航速为 12.5 kn,最低航速 0.5 kn。推进采用可调距桨,可保证从 0.5 kn 到 18 kn(最大航速)间任一航速,并设有艏侧推,可以保证海洋科学考察时站位的准确性。

(2)续航力与自给力:在航速 12.5 kn 时续航力为 13 000 n mile;按定员 196 人计算自给力为 60 昼夜。

(3)稳性:满足中华人民共和国船检局对无限航区客船要求。

(4)抗沉性:满足分舱及破舱稳性对抗沉性的要求。

(5)耐波性:设专用设施以提高船的耐波性和改善调查工作状况。

(6)适居性:生活设施齐全,且在室内生活及工作场所实施集中空调。

(7)该船为无限航区的 B 级冰区加强钢质远洋船,可满足渤海、黄海、东海、南海和除南北纬 60°以外的各大洋海洋科学考察要求。

(8)采用日本 TKC 公司的导航设备,装备了组合导航系统并与船中心计算机站联网,可准确提供航海资料及数据,保证航海的安全可靠。

(9)机舱实现了集中监控。机舱内所有设备在运行中可自动检测、自动故障报警,操纵上可集中控制,同时驾驶室可遥测遥控推进系统。

(10)全船共有 15 个实验室(其中有 5 个通用实验室),可提供物理海洋、海洋物理、海洋大气、海洋化学、海洋生物、海洋地质和海洋地球物理等海洋学科的综合调查和部分专向调查,并可同时进行分析研究工作。

(11)该船中心计算机站设置了网络线路和接口,实现了与各实验室微机及综合导航系统的联网,并可实现各学科的调查资料共享和实时数据传递与处理。各实验室亦可通过网络获得站位及航行资料,如经纬度、航速、航向、水深、风速、风向、罗经航向等,并能够实时记录和回放。

(12)该船采取了适当的减震降噪措施,具有保证精密仪器正常工作的条件。

(13)该船安装了符合 GMDSS 的 VHF 甚高频电话、SSB 单边带无线电话、DSC 数字选择性呼叫、卫星 C 站和卫星 B 站。安装的丹麦卫星 B 站系统,可通过卫星使船与其他船舶进行通讯,也可使船与陆地间直通电话、电传、传真和发送接收 E-mail,实现了海陆间实时信息的传送和陆地对船舶的遥控。

(14)该船采用长艏楼、上甲板不对称布置及较大的宽深比,为海洋科学考察提供了较大的工作空间。采用小球鼻首增加船首的抗波性能,同时船后尾部采用低船舷便于海洋科学考察作业。

三、"东方红 2"船实验室简介

为了满足多学科综合性海洋调查的要求,全船设有 15 个不同类型的实验室,总面积达 238 m^2。所设置的 5 个通用实验室,根据海洋调查的需要,分为干、湿、半干半湿三个类型,并备有超低温冰箱、冰箱、烘箱、植物柜等通用设备,为水文、物理、化学、生物、地质等海洋调查和科考任务提供了良好的工作条件。

各实验室通过与中心计算机站联网组成了船用局域网络和资源共享系统,使各实验室均可获取驾驶室的航行数据,并可实施调查数据的实时综合处理。

"东方红 2"船实验室分布情况见表 1-1。

表 1-1 "东方红 2"船实验室分布情况

实验室名称	面积(m^2)	位置
气象室(1 号实验室)	12	驾驶甲板
遥感室(2 号实验室)	10.4	驾驶甲板
航海实习室(3 号实验室)	23.9	艇甲板
气象探空室(4 号实验室)	14	艇甲板
中心计算机站(5 号实验室)	18.7	上甲板
重力仪室(6 号实验室)	15.6	上甲板
通用实验室(7 号实验室)	20	上甲板
通用实验室(9 号实验室)	19	上甲板
通用实验室(8 号实验室)	17.3	上甲板
通用实验室(15 号实验室)	19	上甲板

(续表)

实验室名称	面积(m^2)	位置
通用实验室(10号实验室)	29.8	上甲板
暗室(12号实验室)	4.3	上甲板
同位素室(13号实验室)	4.3	上甲板
ADCP室(14号实验室)	9.1	平台甲板
通用实验室(11号实验室)	21.1	上甲板
教室(兼餐厅)	122.4	艉楼甲板

另外,"东方红2"船的工作甲板位于上甲板后部,与上甲板的实验室相接,总面积达 330 m^2,并设有 20 英尺集装箱实验室的固定位置,为一些特殊海洋调查和科考任务提供了充足的实验空间。

四、"东方红2"船现有的主要设备

(一)机电设备

机电设备如表1-2所示。

表1-2 机电设备型号及生产单位

设备名称	型号或牌号	生产单位
主推进装置 (1)主机 (2)并车减速齿轮箱 (3)可调桨装置	MAK 8M 332C DLAF1915P BERG 800	德国 MAK 公司 德国 DVAL 瑞典 BERG
供电装置 (1)柴油发电机组 1 (2)柴油发电机组 2	Cat 3408-V8 Cat 3412-V12	美国 CATERPILLAR 公司

(续表)

设备名称	型号或牌号	生产单位
燃油分油机	MMPX303	ALFALVA 公司
滑油分油机	MMPX304	ALFALVA 公司
生活污水处理装置	12MX	美国 OMNIPURE
船用冷水机组	30HR/M195	HOPMAN 公司
中央空调（间接式）	制冷量（1 735 180.72 kJ/h） 制热量（1 915 178.72 kJ/h）	荷兰 Carrier 公司

（二）导航与通讯设备

导航与通讯设备如表 1-3 所示。

表 1-3　导航与通讯设备型号及生产单位

设备名称	型号或牌号	生产单位
综合导航系统	EC7000/BM3000	日本 TKC 公司
X 波段雷达（带 ARPA）	BR3440	日本 TKC 公司
电罗经系统	TG-8000	日本 TKC 公司
自动舵系统	ADG-3000	美国 Sperry 公司
舵角指示系统		美国 Sperry 公司
多普勒计程仪	DOPPLER LOG	日本古野公司
测深系统	LAZ-4420	美国 Sperry 公司
风速风向仪系统	XZC2-2A	
GPS 定位系统	GP-90	日本古野公司
卫星通讯系统	INMARSAT-C	日本古野公司
卫星通讯系统	INMARSAT-B	挪威 NERA 公司
无线电收发信机	FM-8000	日本古野公司

(三)可为海洋调查与科考任务提供数据和服务的船用设备

可为海洋调查与科考任务提供数据和服务的船用设备如表 1-4 所示。

表 1-4 船用设备型号及技术指标

设备名称	型号	主要技术指标
卫星通讯系统	INMARSAT-B	可直通电话、电传、传真及发送和接收 E-mail
差分 GPS(DGPS)	MBX-3	精度：5 m
GPS 定位系统	MX200	GPS 精度：18 m
电罗经	SR-180MKI	精度：1°以内
测深仪	LAZ-4420	精度：1%(满量程)

(四)用于调查的绞车及吊架

绞车及吊架如表 1-5 所示。

表 1-5 绞车及吊架数量、规格、位置表

名称	数量	主要规格	安装位置
6 000 m 电动地质绞车	1	绳端负荷：1 000 kg 钢索规格：Φ9.3 mm×6 000 m	上甲板后部
6 000 m 水文液压绞车	1	绳端负荷：500 kg 钢索规格：Φ5 mm×6 000 m	上甲板后部
3 000 m 生物液压绞车	1	绳端负荷：300 kg 钢索规格：Φ5 mm×3 000 m	上甲板后部
1 300 m 液压绞车	1	绳端负荷：300 kg 钢索规格：Φ4.5 mm×1 300 m	前甲板
2 500 m CTD 液压绞车	1	绳端负荷：1 000 kg 钢索规格：Φ8 mm×2 500 m	上甲板后部

(续表)

名称	数量	主要规格	安装位置
8 000 m CTD 液压绞车	1	绳端负荷:1 000 kg 钢索规格:Φ8 mm×8 000 m	上甲板后部
水文采样吊杆	1	吊重:1 000 kg 高度:4.0 m 跨度:2.5 m	上甲板后部
生物采样吊杆	1	吊重:300 kg 高度:7.0 m 跨度:2.5 m	上甲板后部
大门型吊架	1	吊重:6 000 kg 高度:7.0 m 宽度:4.8 m 舷外跨度:3.5 m	船尾
小门型吊架	1	吊重:2 000 kg 高度:3.1 m 宽度:1.4 m 舷外跨度:1.5 m	上甲板后部 右舷(前)
CTD 门型吊架	1	吊重:4 500 kg 高度:3.9 m 宽度:1.8 m 舷外跨度:1.8 m	上甲板后部 右舷(后)
倒 L 门型吊架	1	吊重:4 000 kg 高度:4.0 m 宽度:1.0 m 舷外跨度:1.5 m	上甲板后部右舷
4 t/1 t 液压伸缩臂吊车	1	4 t/8 m 1 t/13 m	上甲板后部 中部

其中 2 500 m CTD 液压绞车可移至上甲板尾部,并利用大门型吊架吊放和拖曳仪器设备。

(五)主要调查仪器

主要调查仪器如表 1-6 所示。

表1-6　主要调查仪器型号、数量、产地情况

仪器设备名称	规格、型号	数量	产地	备注
1 500 m CTD 液压绞车	CROSSLINE	1	美国	单芯铠装
液压门吊1	6 t	1	中国	

(续表)

仪器设备名称	规格、型号	数量	产地	备注
液压门吊 2	5 t	1	中国	
液压门吊 3	2 t	1	中国	
自容式 CTD	Seabird 25	1	美国	12 个 12 L 采水器
直读式 CTD	Seabird 911 Plus	2	美国	12 个 8 L 采水器
船载相控阵 ADCP	OS-75K	1	美国	RDI 公司
浅地层剖面仪	CAP 6600	1	美国	12 kHz 测深 3.5 kHz 浅剖
浅水多波束系统	Simrad 2000	1	美国	200 kHz
深水多波束系统	SeaBeam 1050	1	德国	50 kHz
高精度卫星差分 DGPS	Trimble Pro XRS	1	美国	含信标差分
光纤船姿态测量仪	OCTANS	1	法国	
常规气象观测仪	Young	1	美国	
声速剖面仪	SV Plus	1	挪威	5 000 m
流式细胞仪	FACSCalibur	1	美国	
碱度测定仪	AS-C2	1	美国	APOLO 公司
液体闪烁计数仪	Tri-carb	1	美国	PE 公司
现场荧光测定仪	10AU-072	1	美国	Turner 公司
体式显微镜	Nikon 1000	1	日本	
全自动电位滴定仪	L520308	1	瑞士	梅特勒公司
自容式波高仪	AWH-RS	1	日本	ALEC 公司
LADCP	WHS-300	3	美国	RDI 公司
航行气象信息记录系统		1		自开发
船载海浪与表层流检测系统	WaMoS Ⅱ	1	德国	WaveS

第二章 船舶安全知识

第一节 消防知识

火灾对船舶及人员危害极大,所以每位船员和在船上工作的其他人员都应予以高度重视。船舶在无边无际的大海上航行或作业,一旦发生火灾,只能孤军作战。因此,每位船员和在船工作的其他人员必须都熟知有关消防的一些知识,掌握灭火技能,并严格执行各种防火规章制度,定期进行消防演习和训练,还应对初次上船人员进行讲解及演习,把防火作为日常工作的重要部分。一旦发生火灾即可用掌握的消防知识和技能及时报警将火灾消灭,确保船舶和人员的安全。

一、火灾预防

预防火灾是每位在船人员的重要责任,应把预防火灾放在工作的首位,提高防火警惕性,防止火灾的发生。

火灾预防工作如下:

(1)要有较强的防火意识,按职务分工管理好责任区。

(2)船上明火作业时,应严格按照明火作业的规定去做。

(3)经常检查运转的电器与机械设备。

(4)船上有很多舱室是禁止烟火的,如机舱、各种仓库、驾驶室、实验室、报房、伙房等。船舶在加油料时,全船任何场所都禁止烟火。船上的化学品要由专人专室保管,禁止在住舱用明火设备,如电炉、电吹风等。

(5)有人员活动的地方,每晚在休息前要由专人巡视一遍。

二、船上的消防设备

船上的消防设备主要有以下几种:

(1)消防泵、消防总管、消防水柜、消防栓、消防水龙带、消防水枪、应急消防泵。

(2)固定气体灭火系统:船上设有专舱储藏二氧化碳气瓶若干个,用管道连接到船上特殊的舱室。

(3)蒸汽系统:用管道连接到指定的舱室。

(4)自动喷淋系统:用管道连接。

(5)船上各位置的手提灭火器。

(6)安装在走廊舱室内的探温、探烟和失火报警系统。

(7)船上每层之间的自动防火门、通风筒等。

(8)消防员装备、国际通岸接头、防火控制图、脱险用通道。

三、主要消防设备的使用

当船舶发生火灾时,火灾报警器就会发出报警信号及火灾的位置。值班员或发现火灾的人员,应立即用随手可得的消防器材设备去扑灭火灾,同时应大声呼喊或用物件敲打舱室、墙壁以及拉响(或敲碎报警器玻璃)就近的火警报警器,向驾驶台及全体人员报警。

(一)水消防设备的使用

船上的消防水是消防泵从海里吸上来的。在甲板上、走廊内及各主要船舱内都设有消防栓,在消防栓附近有消防水龙带及水枪,把水龙带、水枪与消防栓连接后,打开消防栓上的阀门,就可以用水灭火。为了方便岸上或他船对本船的救助,应将国际通岸接头(即在主甲板左右舷各安装一个与国际标准一样的消防接口)接在本船的适当消防栓上,等待岸上或他船的消防水带与本船的连接(由岸上或其他船舶为本船提供水源)供水参与灭火。

(二)二氧化碳灭火系统的使用

"东方红 2"船的二氧化碳主要用来灭机舱的火灾,在使用时,由专门人员按施放说明和施放程序进行操作。操作方法如下:

(1)打开总控制箱门(舱门),机舱发出施放二氧化碳的报警警铃,等警铃响后一分钟,待机舱人员撤离。

(2)将导向阀推向机舱方向(在有多舱使用此灭火器系统时)。

(3)提起总控制阀,使启动瓶打开从而启动二氧化碳瓶组,使二氧化碳通过管路通往机舱灭火。

(三)灭火器的使用方法

现在船上使用的灭火器有四种:二氧化碳灭火器、干粉灭火器、泡沫灭火器和轻水灭火器。形式有手提式或推车式,放在走廊或各实验室的手提式为干粉灭火器。

1. 二氧化碳灭火器的使用方法

(1)拔掉安全销(把铅封拿掉)。

(2)将喷射管对着火焰底部。

(3)压下施放扳杆,二氧化碳气体就会喷出。

2. 干粉灭火器的使用方法

(1)拔掉安全销(把铅封拿掉)。

(2)将喷嘴对准火焰根部。

(3)压下施放扳杆,干粉就会喷出。

(4)在火焰前部 15 cm 处左右来回覆盖喷射。

3. 泡沫灭火器的使用方法

(1)压下安全销。

(2)将瓶体倒过来,晃动瓶内液体,使其发生化学反应生成泡沫。在喷射泡沫过程中,灭火器应一直保持颠倒的垂直状态,不能横置或直立过来,否则喷射会中断。

(3)如扑救可燃固体物质火灾,应把喷嘴对准燃烧最猛烈处喷射;如扑救容器内的油品火灾,应将泡沫喷射在容器的器壁上,从而使得泡沫沿器壁流下;如扑救流动油品火灾,操作者应站在上风方向,并尽量减少泡沫射流与地面的夹角,使泡沫由近而远地逐渐覆盖整个油面上。

4. 轻水灭火器的使用方法

(1)拔掉插销(先去掉铅封)。

(2)压下安全销。

(3)将喷嘴对着火焰喷放。

四、船舶消防

这里主要讲生活区和实验室的消防程序。机舱和货舱主要由船员来灭火,初次上船人员对灭火的专业知识不太了解,主要任务就是保护好自身安全,听从指挥,不要惊慌失措。

船上的住舱分为几个区域,各区域间用防火门隔开,报警系统发出火灾警报的同时,防火门就会自动关上。

由于生活区区域狭窄,全体人员都参与灭火不实际,且容易造成混乱和人员伤亡,所以各船应按实际情况组织消防小分队进行灭火,其他人员在集合地待命。

(1)值班巡视员或其他人员,如发现生活区某舱室起火,应迅速启动最近的火警警报,并以可行的方式进行灭火。

(2)值班驾驶员接到报警后,应向船长报告火灾具体位置,以及何人正在进行扑救。

(3)船长在驾驶台向全船发出生活区火警信号,命令备车、减速或主机停车,改变航向使船舶火场处于下风处,并悬挂信号,向有关部门报告。

(4)听到报警信号后,船员应按应变部署表职责迅速将所有门关闭,电工迅速将失火的电源切断,并报告驾驶台。

(5) 全体消防人员应携带消防器具在 2 分钟内到达后甲板或外走廊集合。

(6) 船长命令关闭所有门窗及通风门,探火员准备探火,甲板消防队准备进入失火现场进行扑救,派队员保护重要部位(驾驶台、电台、通讯设备),并加强力量控制火势,防止蔓延。

(7) 探火员进入火场,船员或其他人员协助。

(8) 探火员报告失火具体位置及范围,如火势很大,建议使用消防水灭火。

(9) 救火人员将舱室门打开,降低身体重心,用手提灭火器和水龙水枪进行扑救。火熄灭后,船长令现场指挥组织人员将窗、通风扇、防火门打开进行自然通风,并彻底检查,指定人员继续观察。

第二节　海上救生与求生

一、海上救生与求生的步骤、原则

如果船舶在海上发生海事,船员和工作人员的生命安全会受到严重威胁,只有实施救生、求生工作,才可保护人员的生命安全。为了做好救生、求生工作,初次上船人员要听从船长指挥,按以下步骤进行:在发生海事时,应实施应变部署工作;由船长判断是否弃船,要做好弃船准备工作;开始弃船后,蹬救生艇或救生筏,并判断救生艇或救生筏是否远离难船,然后实施漂泊待救工作。

弃船后,我们要具有坚强的求生意志和信心,尤其是"活着回去"的坚强意志;掌握、熟悉有关救生知识和技能;保证救生设备处于良好的状态,并能正确使用。以上是求生的基本原则。除此之外,还要熟悉掌握救生设备及各种器具的正确使用方法、弃船时应采取的措施、漂流待救中的求生知识和技能及被救助时应注意的问题。

二、演习及训练的重要性

每个船员每月应至少参加一次弃船演习和消防演习,若有25%以上船员未参加该船上一个月的弃船和消防演习,应在该船离码头后 24 h 内举行这两项演习。演习应尽可能按实际应变情况进行。

通过演习和训练应达到以下效果:

(1)确定船上指挥命令系统,明确各自分担的责任;

(2)提高救生、求生的能力,在应急时能够采取必要、有效、正确的措施;

(3)熟悉、掌握救生设备和消防设备的情况;

(4)提高熟练程度。通过反复训练和演习达到熟练的程度,这样即使在夜间、恶劣天气及时间紧迫等恶劣条件下,也能采取正确有效的措施。

三、应变部署表及应变任务卡

(一)应变部署表

为了确保船员及其他人员的人身安全,船上配置在应急时每个船员应执行何种任务的应变部署表。

(1)应变部署表写明通用紧急警报信号的细节以及发出报警时船员和其他人员应采取的行动。

(2)应变部署表应写明弃船命令将如何发出。

(3)应变部署表写明分派给各船员的任务。

(4)应变部署表指明船上哪些高级船员负责保证维护救生和消防设备,使其处于良好状态,并随时可用。

(5)应变部署表指明关键人员受伤后的替换人员,要考虑不同的紧急情况需要采取不同的行动。

(6)应变部署表指明在紧急情况下指定给船员与初次上船人员有关的各项任务,这些任务应包括向初次上船人员告警;察看初次上船人员是否正确地穿好救生衣;召集初次上船人员到达各集合地点;维持通道及梯道上的秩序,控制人员移动的总方向;保证把毛毯送到救生艇上;应变部署表应在船舶开航前制定,在应变部署表制定后,如船员有所变动而必须更改应变部署表时,船长应修订该表或制定新表。

(二)应变任务卡

在船上每个床头都有一张应变任务卡,它标明每个船员应急职责的编号、救生艇号、救生筏号;弃船时的信号及任务;消防时的信号及任务和人员落水时的信号。

四、应变信号

通用应急报警系统应能发出应变报警信号,该信号由船舶号笛或汽笛以及附加电铃或小型振膜电警笛及其他报警系统发出。除了船舶号笛外,该系统应能自船舶驾驶室和其他要害位置(机舱、舵机房等)进行操作。全船所有的起居处所及正常船员工作处所均应能听到该系统的报警。该报警系统在启动后应能连续发出报警信号直至人工关闭或被公共广播系统的信息所暂时打断。

规定的应变信号如下:救生(弃船):七短一长声;救火:乱钟(没有规律地敲船钟)或连放短声汽笛一分钟;船前部失火:乱钟后敲一响或连放短声汽笛后一长声;船中部失火:乱钟后敲二响或连放短声汽笛后二长声;船后部失火:乱钟后敲三响或连放短声汽笛后三长声;机舱失火:乱钟后敲四响或连放短声汽笛后四长声;船进水:两长一短声;人员落水:三长声;人员左舷落水(注:左舷为面部向船头方向):三长两短声;人员右舷落水:三长一短声;解除报警:一长声。

五、应急训练和演习

(一)熟悉安全装置与紧急集合演习

每一名被分配有应急职责的船员在开船前应熟悉自己的应急职责。当调查队员或学生在船上的工作时间超过 24 h,应在调查队员或学生登船后的 24 h 之内举行紧急集合,指导调查队员或学生如何使用救生衣并告知旅客在紧急情况下应如何行动。

当有新调查队员或学生上船时,应在即将开船前或在开船后不久向调查队员或学生简要介绍安全须知(用广播的方式向全体人员介绍),如果紧急集合演习在开船后立即进行,此简要介绍包括在集合演练中。可使用专人讲解、信息板、公告栏或录像演示作为辅助手段,但不能代替广播。

(二)演习

演习应尽可能按实际应变情况进行,不要敷衍了事。每个船员每月应至少参加一次弃船演习和一次消防演习。若有 25% 以上的船员未参加该船前一个月的弃船和消防演习,应在该船离港后 24 h 内举行这两项演习。如果船舶在经过重大改装后首次营运或有新船员,这些演习应在开船前进行。

1. 弃船演习

弃船演习包括以下几点:使用规定的报警器,召集旅客和船员到集合地点,随后通过公众广播系统或其他通讯系统宣布演习开始;向集合点报告并按应急部署表的职责准备;核查旅客和船员数及衣着是否合适;察看旅客救生衣穿着是否正确;在完成救生艇降落准备工作后,应至少降下一只救生艇;启动并运转救生艇发动机;运转降落救生筏所用的吊筏架;模拟搜救陷在睡舱中的旅客;告知如何使用无线电救生设备。

不同的救生艇在逐次演习中应尽可能根据实际的要求予以降

落。

每只救生艇每 3 个月至少进行一次弃船演习,由船上指定的操艇员降落下水并在水上进行操纵(用电降落)。每 6 个月进行一次自由降落并载乘额定的操艇人员在水上操纵(自由降落不用电)。

另外在弃船演习时,应试验集合与弃船使用所用的应急照明系统。

2. 消防演习

船舶消防演习包括以下几点:向各集合点报告并准备执行应变部署表所述的职责;启动消防泵,至少使用两个消防水龙头,以显示该系统处于正常工作状态;检查消防员装备和其他个人救助设备;检查有关通讯设备;检查演习区域内的水密门、防火门、挡风闸和通风系统的主要进出口的可操作性;检查为随后的弃船而做的必要准备(如果火灾不能扑灭,危及人身安全时,就可以考虑弃船)。

演习结束时所使用的设备应立即放回原处,并保持在随时可用的状态。在演习中发现的任何错误和不足应尽快纠正。

3. 记录

每次演习结束后,要把演习的日期、人员、地点、弃船演习与消防演习的细节、其他救生设备演习以及船上训练汇入主管机关(海事局)规定的航海日志中。若在指定时间内未举行全部应变集合、演习或训练项目,则应在航海日志内记述原因和已举行的集合、演习和训练项目的范围。

第三节 弃 船

当船舶在海上遇到严重危险时,船长首先要竭尽全力救助人员,其次是船舶和货物。经全力抢救仍无法使船舶免于沉没或毁灭时,应迅速采取弃船措施,尽快脱离危险。通常大船要比任何救生艇、救生筏都安全,所以弃船命令的下达要慎重。只有船长才能发布弃船令,没有船长的命令,任何人不得随意发布弃船令或采取弃船行动。

一、救生设备的选择

船舶上所配备的救生设备都是按《海上人命安全公约》的要求,经船舶检验部门检验认可的。所配备的救生设备有救生艇、救助艇、救生筏、救生圈、救生衣等。在选择救生设备时应考虑以下几点:

(1)船舶所面临的危险状况,如火灾和船舶进水的程度等。

(2)船体倾斜和破损程度。

(3)气象和海况,如风、流、气温及水温等因素。

(4)救助机关与本船通信情况以及救助船舶、飞机与本船的相对位置和距离、本船位置及离岸距离。

(5)救生设备的特性。

二、救生设备介绍

(一)救生艇

按海船建造规范的有关要求,船舶必须配备救生艇。救生艇是一种具有一定浮力、强度、航速,能搭载一定人数、属具备品比较齐全的刚性小艇,它是一种非常有效的脱险工具。救生艇的主要作用是当船舶遇险时,可帮助船员、旅客脱离难船,便于进行求生活动,保障船员、调查队员、学生的生命安全。

1. 救生艇的种类

(1)开敞式救生艇:没有固定顶篷的救生艇。

(2)全封闭救生艇:艇的上部有固定的顶盖的救生艇,如图2-1所示,它可使乘员不受冷热的侵害。全封闭救生艇在翻覆时只要所有乘员都用安全带缚牢,该艇能自然或自动地扶正。每艘全封闭救生艇都是机动艇(带动力的),"东方红2"船就是这种全封闭救生艇。

图 2-1　全封闭救生艇

(3)部分封闭式救生艇:在艇首和艇尾各有不少于艇长20%的刚性顶盖。

2. 救生艇简介

(1)救生艇的特性:

①救生艇的稳性。救生艇是有刚性的艇体,其形状及尺度比例应使其在风浪中能保持充裕的稳性。当50%定额的乘员从正常位置移至艇的中心线一侧时,救生艇应是稳定的,并且具有一个正的GM值,即能保持正浮状态。

GM值:从稳心和重心的相对位置判断船舶原平衡状态的稳定性能。船舶GM值和倾侧复原力大小示意图如图2-2所示。

a. 重心G在稳心M之下,复原力矩的方向与横倾方向相反,当外力消失后,它能使船舶回复至原来的平衡状态。具有这种稳性的船舶,对于它的原平衡状态来说是稳定的,称为稳定平衡。

b. 重心G和稳心M重合,初稳性高和复原力矩均为0,当外力消失后,船不会回复到原来位置,也不会继续倾斜,对于它的原平衡位置来说是中性的,称为中性平衡,或称随遇平衡。

c.重心 G 在稳心 M 之上,复原力矩的方向与横倾方向相同,它使船舶继续倾斜,对于它的原平衡状态来说是不稳定的,称为不稳定平衡。

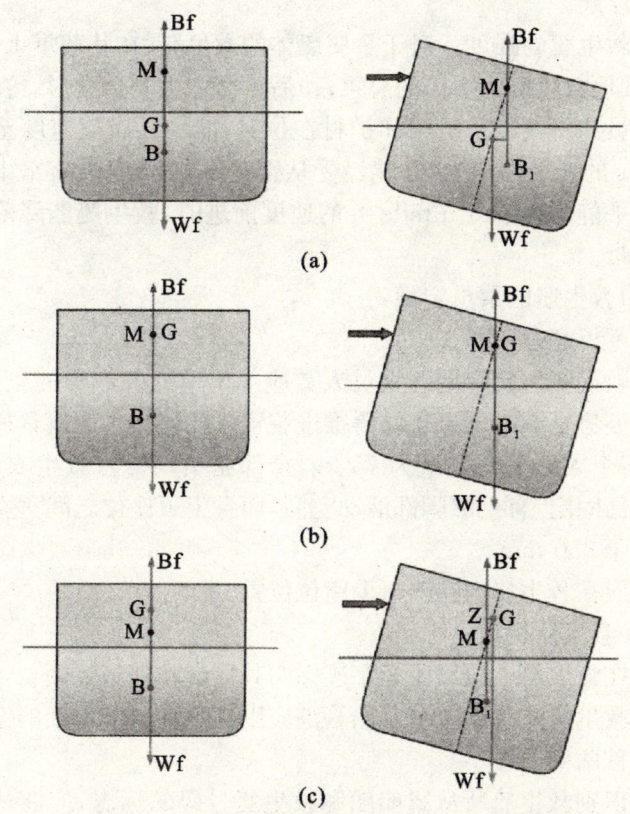

图 2-2　船舶 GM 值和倾侧复原力大小示意图

②救生艇的干舷。救生艇的干舷是水线量至救生艇可能变成浸水状态的最低开口处。救生艇在载足全部乘员及属具后应具有足够的干舷,干舷至少为救生艇长度的 1.5% 或 100 mm,取其大

者。

③救生艇的浮力。救生艇具有一定的剩余浮力（由设在艇内的空气箱或其他不受海水、原油或石油产品不利影响的自然浮力材料提供）。当艇内浸水或破漏通海时，仍足以将满载一切属具的救生艇浮起。

④救生艇的强度。对于金属艇体的救生艇，在其载重1.25倍（对于其他救生艇为2倍的总重量）后不会产生剩余变形。在载足全部乘员和属具以及滑架和护材在位时，能经受碰撞速度至少为3.5 m/s的船舷冲击力，并能经受从至少3 m高度投落水中。当船舶在平静水面以5 n mile/h的速度前进时，救生艇能降落水中并被拖带。

(2) 救生艇的乘员定额：

①不得超过150人。

②救生艇所能容纳的乘员人数应等于下列各数中的较少者：以正常姿势坐着时不至于妨碍推进装置或任何救生艇属具操作的人数，每个人的平均重量为75 kg，全部艇员均穿着救生衣；倘若搁脚板已固定，有足够脚部活动空间，而且上下座位之间垂直距离应不小于350 mm。

③应在救生艇内注明每个座位位置。

(3) 救生艇标记：

①在救生艇上应以明显字迹标明其尺度和乘员定额。

②救生艇所属的船名及船籍港应以规定大小和粗细的字体标明于艇首两侧。

③识别救生艇所从属船舶和救生艇号码的标志，应能从上空看清。

④救生艇的编号是右舷为单数，左舷为双数，由船首至船尾顺序编号。

⑤救生艇的艇体颜色为橙黄色。

(4)救生艇的配备与属具：

①救生艇的配备：每艘船舶都必须配置足够数量的救生设备，一旦船舶遇险需要弃船时，能保证船上额定成员都能迅速登上艇筏，离开难船进行求生或待救。船舶上配有救生艇的数量及种类是根据各船所载人员的定额、航行区域、船舶种类、船舶长度而定的。根据《1974年国际海上人命安全公约》，国际航线（如"东方红2"船）应配备全封闭救生艇，每舷容纳人数应在总人数的50%；最低不得少于37.5%，剩余的12.5%可用救生筏代替。

②救生艇的属具与备品：每艘救生艇的正常属具与备品主要包括以下几种：可浮桨1套，用于划桨航行；可浮水瓢1只，用于艇进水时往外舀水；水桶2只，操舵罗经1只，指航向用；救生手册1本；海锚1只（包括锚索1根），漂流时用，如图2-3、图2-4所示；首缆2根，系艇用，直径20 mm，长度15~20 m；小太平斧2把，艇首尾各1把；淡水按定员每人3 L配备（放在水密容器内），保质期1年；救生口粮，按定员每人配备不少于10 000 kJ的压缩饼干（放在水密容器内），保质期1年；降落伞火箭信号4支，有效期2年；手持红光火焰信号6支，有效期2年；橙黄色烟雾信号2个，有效期2年；防水手电筒1个，备用电池和灯泡1只（电池有效期1年）；日光信号镜1面，包括与船舶和飞机通信用法须知；印在防水硬纸上或装在防水容器内的《SOLAS公约》所规定的救生信号图解说明表1张；哨笛或等效的音响号具1只；急救药包（箱）1套，有效期1年；每个人配晕船药6剂和清洁袋1个；水手刀1把；开罐头刀3把；系有长度不小于30 m浮索的可浮救生环2个；手摇泵1台；钓鱼用具1套；适用扑灭油类火灾的手提灭火器1具；修理机器用的工具1套；探照灯1只。光强为2 500 cd，连续工作不少于3 h；带钩艇篙2支；雷达反射器1具，配有艇筏用雷达应答器除外；足供不少于10%的救生艇额定成员使用的保温用具，有效期4年；配备适航区预期温度范围内的燃料，而且供满载时救生艇以6

n mile/h 速度,航行 24 h;启动和操作发动机的防水须知,并张贴在发动机启动控制器械附件明显处。

图 2-3　救生艇、救生筏用海锚

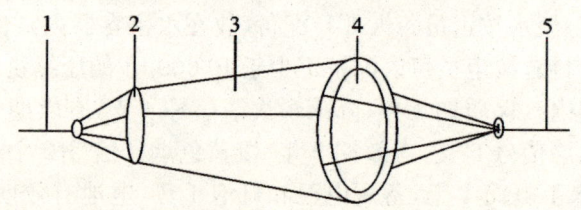

1—收回索　2—海锚底　3—帆布　4—海锚口　5—海锚索

图 2-4　救生艇、救生筏用海锚示意图

(二)救助艇

救助艇是指用于救助遇难人员及集结救生艇、救生筏的艇。为了更好地救助遇险人员和集结海上救生艇、救生筏,船舶上必须配备救助艇。现在各船配备的救生艇都能满足救助艇的要求,所以只有在船舶证书上指定救生艇为救助艇,就可以满足船舶规范的要求。1 艘 500 总吨及以上客船(调查船)应在船舶的每舷至少配备 1 艘救助艇。

（三）救生筏

救生筏是在船舶遇险时船员使用的一种救生设备。它能迅速地被施放并飘浮于水面之上,供船员旅客们登乘。它有一定的浮力,有遮风、防雨、御寒的顶棚和供求生人员食用的口粮和淡水,以及必要的属具备品。

每只救生筏检修间隔不超过 12 个月,凡外观良好者可经船舶检验部门认可延长到 17 个月。检修时,必须到被船舶检验局认可的检修站进行检修。一般救生筏使用的年限为 10～15 年。

1. 气胀式救生筏

(1)气胀式救生筏简介:气胀式救生筏是用橡胶、尼龙布等材料制成,用气体充胀成圆形或椭圆形带有顶棚的小筏,如图 2-5 所示。定额要求不得少于 6 人,一般为 25 人。其总重量不超过 185 kg,吊架降落除外。施放方法有三种:抛投式、机械吊放式和自动式。

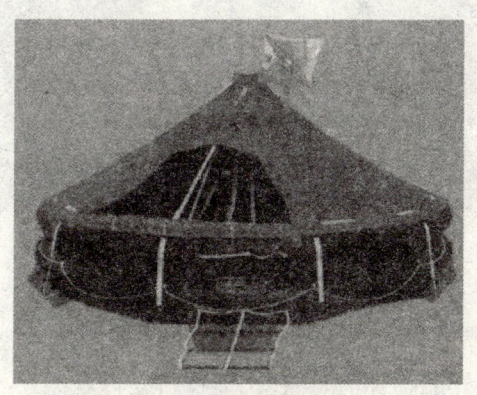

图 2-5　气胀式救生筏

①抛投式施放救生筏:当船舶遇险时,筏可由人力或者借助其本身重力作用抛入海中,在极短的时间内依靠充气绳拉动充气瓶阀门使其充气成型。

②机械吊放式救生筏:这种方法主要供客船和科学调查船使用。在甲板上拉充力绳充气使其充气成型。旅客或船员进入筏后再用吊筏设备将筏吊落至水面,这样使成员避免了爬绳梯、跳水等困难。

③自动式施放救生筏:筏通过一个静水压力释放器固定在救生甲板上,筏的充气拉绳系在筏架的底座上(筏架与甲板焊在一起)。当大船遇险下沉时,达到一定的深度(船沉入海里 $2\sim4$ m 深)时,静水压力释放器会自动释放固定救生筏的绳索,使救生筏脱离大船,救生筏就会浮出水面,而充气拉绳又与母船固定,所以筏就能自动打开。救生筏与母船固定方式见图 2-6。

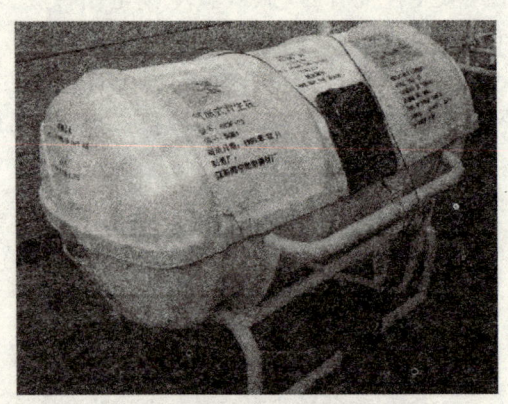

图 2-6　气胀式救生筏与母船固定方式

(2)气胀式救生筏的结构:

①上下浮胎:两个独立的气室。在上浮胎内有 2 个单向阀通向篷柱,在上浮胎损坏时,篷柱仍能保持支撑状态。

②篷柱:与上浮胎连接用于支撑篷帐的圆柱形气室。

③篷帐:用双层防水胶布制成,粘贴在篷柱上,可起到防浪、避风、避雨、防晒等功能,外壳为橙黄色。

④双层筏底:与下浮胎相连,可保证筏体水密性。同时在双层

筏底中间有气室,可起到防寒、隔热降温和增加筏体的强度作用。

⑤平衡袋:设在筏下浮胎下面四角的橡皮袋,可增加筏的稳性、阻力和平衡性。

⑥充气钢瓶:内装二氧化碳和部分氮气的高压钢瓶。只要用充气拉索将瓶头阀门打开,即可自行充气使救生筏成型。

⑦筏底扶正带:救生筏从母船上抛下后有时会侧翻,这时就用扶正带扶正。

⑧海水电池示位灯:筏内照明的电源。当海水电池接触到海水时就会发电,可供照明 12 h 以上。

⑨安全阀、排气阀:上下浮胎各有一个安全阀。若压力超过工作压力 2 倍时,安全阀会自动开启排气并发出尖叫声直至达到工作压力为止。

⑩内外扶手绳:筏的内外四周上下浮胎间设有扶手绳,可供攀筏和筏摇摆时使用。

⑪示位灯:安装在筏的顶部,示位用。

⑫软梯或登筏平台:供求生人员登筏用。

⑬进出口和门帘:设有两个对称的进出口,并装有防寒的双幅双层门帘。

⑭雨水沟:在篷帐中间突出在胶布面上的两条流水沟,位于筏的两侧,沟内有橡皮管通向筏内悬挂的积水带。下雨时可收集雨水,供人饮用。

(3)气胀式救生筏的容器:

①气胀式救生筏应包装在容器内,其结构能保障海上遇到各种条件下,能经久耐用,一般为玻璃钢制品,容器如图 2-7 所示。气胀式救生筏分上下两部分,用胶带连接在一起,内装救生筏及其属具,具有充裕的固有浮力。如船舶沉没,能从内部拉出首缆并开动充气装置。

图 2-7 气胀式救生筏的容器

②容器上应注明制造厂名或商标、出厂号码、认可机关名称和乘员定额、SOLAS、内装急救袋的型号、最近一次检修时间、首缆长度、水线以上最大允许存放高度、降落须知等。

2. 救生筏的配备与属具

(1) 救生筏的配备：每艘船舶都必须配备救生筏。就客船（调查船）而言，国际航线的调查船救生筏应容纳总人数的 25%（而且两舷的救生筏可以迅速地移到船舶的任何一舷）。不能移动的救生筏要达到总人数的 50%。

(2) 救生筏的属具：系有长度不小于 30 m 长浮索的可浮救生环 1 个；可浮柄的非折叠小刀 1 把，乘员定额在 13 人以上的加配 1 把；折叠小刀；乘员在 12 人以下的配可浮水瓢 1 只，13 人以上配 2 只；海绵 2 块、海锚 2 只，并配耐震锚索及收锚索各 1 根；可浮划桨 2 支；开罐头刀 3 把；使用后能置于紧密关闭的防水急救药包 1 套；哨笛或等效的音响号具 1 只；降落伞火箭信号 4 支；漂浮烟雾信号 2 支；防水手电筒 1 个，配备用电池和灯泡 1 套；雷达反射器 1 具；日光信号镜 1 面，连同与船舶和飞机通信用法须知；防水救生信号图解说明表 1 张；钓鱼用具 1 套；额定乘员的口粮，每人不少于 10 000 kJ；额定乘员的淡水，每人不少于 1.5 L；防锈饮料杯 1 个；额定乘员每人配足够用 48 h 的防晕船药和清洁袋 1 个；救生须知；紧急行动须知；可供 10% 额定乘员的保温用具；修补浮力分隔舱的工具 1 套及备料；充气泵或充气器 1 具；安全型小刀或剪刀

1把。

(四)救生圈

船舶配备的救生圈主要是在有人落水时使用,如图 2-8 所示。每艘船舶最少配备 8 只救生圈,放在驾驶台两侧和工作甲板上。救生圈的重量为 4 kg,配有一根 30 m 长的绳索,一端与救生圈系在一起,另一端和自亮浮灯连接。而放在驾驶台两侧的救生圈还配有烟雾信号并能自动脱落。每个救生圈应以粗体罗马字母标明其所属船名和船籍港。

图 2-8 救生圈

(五)救生衣

1. 救生衣的配备

救生衣如图 2-9 所示。救生衣的数量是按船舶额定乘员数而定的,每人 1 件。此外客船、交通船、旅游船还配有乘客数 10% 的儿童救生衣。还要配备供值班人员、调查人员使用的救生衣(通常存放在驾驶室、机舱、实验室、控制室及有人值班和工作的地点)。救生衣应放在容易到达和取用之处,并有明显的标志显示其存放位置(救生衣主要存放在住舱的救生衣橱内)。

图 2-9 救生衣

2. 救生衣的属具

救生衣的属具有用绳索与救生衣连接的哨笛 1 只;用绳索连接的救生衣灯;在救生衣的前胸和后背贴有 4 块反光带。

3. 救生衣的穿着方法

穿救生衣要做到紧紧贴住身体,将救生衣用死结(不可以用活结)系紧,防止松动脱落。所有的船舶必须配备带有反光带、救生衣灯及哨笛的救生衣,这些属具可使遇险人员更容易被救助飞机和船舶发现而获救。

三、弃船时的服装

人的中枢体温在 35℃时被称为体温低下。弃船后,人员死亡的最大原因是体温低下造成的。一般情况下,人员体温降到 35℃以下时就会发生低温昏迷,当体温降到 31℃以下时就会失去知觉而死亡。所以在弃船时要穿厚衣服,主要是因为人体散发热量的速度在水中比在空气中要快得多。为了保护体温在水中或在寒冷气候中不致散失太快,可使皮肤与衣服外层之间形成隔离层,减缓水的流动,从而减少体温的散失,起到保温作用。即使是在较温暖的水中,也应注意穿厚服装并且要把袖口、裤管都扎紧,尽量减少身体与水直接接触。如有可能最好穿外层不透水的衣服,内层穿有保暖作用的衣裤为好。

人在水中能够生存的时间是因人而异的,一般情况下穿普通服装可能生存的时间如表 2-1 所示。

表 2-1　人在不同水温中生存的参考时间

海水温度	可能生存时间
2℃	0.75 h 以内
2℃~4℃	1.5 h 以内

(续表)

海水温度	可能生存时间
4℃~10℃	3 h 以内
10℃~15℃	6 h 以内
15℃~20℃	12 h 以内
超过 20℃	视疲劳情况定

四、逃生路线

船长发布弃船命令的同时,要施放弃船信号和船上有线广播报警装置等信号,通知船上所有人员(训练或演习时必须再加"训练"或"演习"口令)。船上所有人员接到或收到船长的命令或信号后,要马上准备服装(尽量穿着厚服装),必须穿上救生衣。只有在紧急情况下才可以携带救生衣跑到指定地点集合。在奔跑时要选择最佳逃生路线,到达指定地点集合。

每位船员和乘员初次上船后要马上熟悉船上的逃生路线。船上的逃生路线是事先确定的,并在每一段路程的拐角处标以明显的引导标记符号,在重要场所,应多处公布该场所的逃生路线示意图,使得船上所有人员都能了解在各种紧急情况下的逃生路线。根据各船的特点,考虑到火灾、船体破损、进水、严重横倾等可能的紧急情况,逃生路线应不止一条。如果不同的紧急情况有不同的逃生路线,则应当用不同的颜色区别。同一紧急情况下的不同逃生路线应用同一颜色标示。

居住或工作在某场所的人员应时常留意逃生路线是否通畅,一旦发现有妨碍撤离的故障或障碍物,应立即报告船上有关领导并清除。

第四节 其他安全知识

一、船员及科考人员常见意外伤害

海上事故大致可分为船舶海事和人员意外伤害事故。常见的海事有碰撞、搁浅、触礁、火灾、爆炸、船壳破损、进水、严重横倾、倾覆、污染损害等。常见的人员意外伤害事故有击伤、坠落、落水、轧伤、触电、窒息、中毒、烧伤、炸伤等。

(一) 在船人员常见意外伤害

1. 击伤

击伤主要是由人与物体之间的接触能量超过了人体承受能力所致。如不戴安全帽工作被上方的坠落物体冲击造成伤害;站立位置不当被手里或者破断的缆绳、钢丝绳击伤;抛锚时紧靠锚链而被高速飞出的锚链击伤;海况恶劣船舶横摇剧烈时被工作场所或者是被没有妥善固定的物体和仪器等飞出击伤;用抛掷方法传递物具时被击伤等。

2. 坠落

常见的坠落事故包括:人员在高空作业时,安全防范意识淡薄不用安全带或者使用方法不当导致坠落摔伤;工作时不慎摔落舱口;上下楼梯时因船舶摇摆剧烈而摔落致伤;未采取安全措施就冒险攀高导致受伤;作业人员在高空时支撑物的栏杆和构件因严重锈蚀而发生断裂、脱落导致人员坠落。

3. 落水

常见的落水事故包括:船员或调查人员舷外作业不用安全带或者使用不当而掉落水中;舷梯或桥板未使用安全网或使用不当导致人员落水;使用的绳梯严重损坏或不会使用而使人员掉落水

中;大风浪中调查人员在甲板作业未使用安全绳而被甲板上浪卷入海中;倚靠严重锈蚀的栏杆、护墙而掉入水中;调查人员或者学生乘坐交通艇上下大船的时候,因两船摇摆、船距较大、掌握不好上船时机导致落水。

4. 轧伤、压伤

常见的轧伤、压伤事故包括:在检修转动的机械时,衣服、手指等被卷入而伤害人员;收绞缆绳时,操作者距卷筒过近,被受力回抽缆绳拉入卷筒而轧伤;疏忽作业现场环境,被高垒或直立的货物或仪器倾倒压伤;修理机械或开关舱门时,因操作者配合不当而被压伤等。

5. 触电

常见的触电事故包括:船员或调查队员乱拉电线或私接电器而触电;违章带电操作而触电;损伤电线、电器而触电;在过度疲劳、严重晕船的情况下进行带电操作而触电等。

6. 窒息、中毒

常见的窒息、中毒事故包括:人员擅自进入长久封闭的场所,因缺氧或吸入积聚的有害气体而衰竭;在未充分通风和无人接应的情况下,进入封闭舱室而窒息;违反熏舱操作和管理规定,导致中毒伤亡等。

(二)船员及调查人员意外伤害的一般预防方法

预防意外伤害事故,可以从四个方面入手:第一,人的因素,重在通过教育和培训,提高上船人员的职业安全素质。第二,机械及仪器设备方面,防止和消除机械及仪器设备的不安全情况。第三,工作环境。要创造安全的工作环境、生活环境,营造良好的船风。第四,管理要素。要健全安全管理规章体系,并保证切实执行。在全船安全管理和具体作业中,始终将人、设备、环境诸要素置于有效控制下,防止和及时消除不安全状态,制止人的不安全行为,特别是防止物的不安全状态和人的不安全行为同时出现。

二、日常生活中的饮食卫生安全

船上饮食卫生工作是不可缺少的安全环节,它是船舶安全的重要组成部分,要从思想上重视。因此在船上工作和学习的人员,要养成良好的饮食习惯,自觉遵守作息时间。

在船饮食应注意以下几点:按时到餐厅进餐,遇到晕船时也应坚持按时进餐;不要吃过夜或隔顿没有加热的剩饭;呕吐后应适当补充食物,预防胃病;夜餐不能吃的过饱,饭后应活动 20 min 后再休息;到餐厅进餐时,注意地面、桌面是否湿滑,防止滑倒;在船舶摇摆时,应防止盘碗滑动,以免烫伤自己或他人;工作和学习期间禁止饮酒(船上组织会餐除外)。

船上饮用开水是电茶炉供给,茶炉上设有 2 个指示灯,一个是电源指示,另一个是加热工作指示。加热工作指示灯亮时,此时茶炉内的水不开,应等该指示灯熄灭后,茶炉内的水才可以饮用。

三、安全用电

(一)造成触电的原因

(1)裸露的带电部件与人体接触;

(2)电气设备绝缘损坏,人体与外壳接触;

(3)电路短路;

(4)带负载断开电路产生强大电弧;

(5)人体离高压电器的距离过近;

(6)带电操作;

(7)违章操作和违章用电。

(二)普及安全用电常识

保障安全用电,首先必须了解它的特性,而后制定科学的使用和管理制度。只有掌握安全用电常识,才可能避免和尽量减少触

电事故的发生。要保证安全用电,应该做到以下几点:

(1)对电气设备建立经常与定期的检查制度,特别是对移动式电气设备更应如此。如发现故障(绝缘能力降低等)应及时处理,以消除隐患;

(2)严格遵守操作规程和用电规则;

(3)禁止带电操作,必要时应采取切实可靠的安全措施,并需有专人配合和监督;

(4)可携式电气设备应尽量采用安全电压或采用隔离变压器供电;

(5)未经船上电工同意,任何人员不得随便私拉电线、安装电气设备。

四、急救方法

(一)人工呼吸法

人工呼吸法是复苏术中的一种重要方法。具体方法是呼吸复苏与心脏复苏交替进行,可取得较为满意的效果。其原理是我们吸入的新鲜空气氧约占 21%,呼出的气体中氧含量占 16%~17%,这就是说 4%~5%的氧在肺中与排出的二氧化碳交换,被输送到全身各处。氧是生命要素中最重要的一种要素。急救人员把自己呼出的气体经病人的口,直接呼入他的肺脏,病人所得的气体中,氧含量比新鲜空气的少,但已经足够维持生命的需要。借此方法来维持机体的气体交换,改善缺氧状态,排除二氧化碳而为自主呼吸的恢复创造有利条件。

最常用的人工呼吸法是口对口呼吸法。让伤员仰卧在空气流通的地方,解开其上衣和裤带,使头部尽量后仰,鼻孔朝天(使舌根不致阻塞气道),救护人员在其头部一侧取跪势,一只手捏紧其鼻孔,另一只手掰开其嘴唇,然后救护人员紧贴着伤员的口连续吹气约 2 s,使其胸部自然地缩回呼气 3 s,然后再吹气、放松。这样吹气、放松不断地进行,直至伤员出现眼皮闪动和嘴唇微动而有自行呼吸的象征时,则应停止人工呼吸,让其自行呼吸数秒钟。若还不能恢复正常呼吸,则应继续进行人工呼吸,直到伤员能正常呼吸为止。人工呼吸简单有效,同时还可以进行心脏按压。

(二)心脏按压法

心脏按压法与人工呼吸法是心脏复苏的不可分割的两部分。心脏按压法是心脏复苏中最简便、迅速、有效的方法。该法是用人为的力量挤压心脏,使停搏的心脏复跳和排血,恢复有效的自主血液循环,以维持生命活动。

最常见的胸外心脏按压法是让患者平躺在木板上,头部稍低,救护人员站在一侧,将一只手的掌根放在患者胸骨下端(此时应解开其上衣和裤带),另一只手叠于其上,靠救护人员上身的体重,向胸骨下端用力加压,随即放松,让胸廓自动弹起,以每分钟60~80次的速度,连续有节奏地压挤和放松,直至伤员肤色逐渐恢复、瞳孔缩小、自发性呼吸恢复。同样,在进行心脏按压的同时,也可以进行人工呼吸。

第五节 生活、工作环境安全知识

一、生活、工作环境安全

从登船那一刻起,一段时间内我们就要一直生活和工作在船上。在这陌生的环境里,刚开始会有几天的新鲜感,随着时间的推移(5~7天),会产生一种封闭、单调、压抑的感觉。如果适应环境能力差、思想准备不足,加上在船上休息不好,海况恶劣,这时大部分人会开始晕船。如果没有缓解晕船方面的知识,持续透支自己的身体,会对身体造成严重的危害。我们不要轻视晕船,它会给安全航行和海上调查带来不可估计的后果,很容易发生事故。长期出海的人都知道,晕船时更要专心地做好自己分管的工作,不能因为晕船而分散精力,当大部分人员晕船时,此时船上的机器、仪器等设备也开始"晕船"。所以我们在岗位上,不能因晕船而不去工作。甚至工作时,不认真,得过且过,那么船上的机器、仪器等设备就会发生故障或事故(如机器漏油、漏水,发生高温、高压、负荷巨变、零件松动;应该固定的仪器、设备没有及时固定,使其发生碰撞;仪器设备进水、电器设备短路等)。因此晕船时,我们就更应该集中精力,坚守岗位,分散晕船带来的痛苦。还要互相关心,互相帮助,共同战胜晕船给我们带来的一切困难。

晕船是天生的,常人中,晕船者占95%,只有5%的人不晕船,在这5%的人群中,还要考虑到身体健康现状、工作环境、出海时间的长短、心情是否舒畅等因素,如果这些条件都达不到要求,可能晕船的人数还会增多。就晕船而言,是多方面原因造成的,主要还是天气和海况的结果。就某个人来讲,不晕船是相对的,晕船是绝对的。引起晕船的条件主要有以下几个方面:天气与海况、在船时间、身体状况、工作和生活环境、饮食等。

1. 天气与海况

这里的天气主要是指风,一年四季渤海、黄海、东海的风速与风向都有所不同,风最多的季节是冬季,从11~3月,基本上每7~8天就有一次北风或西北风,风力都在7级左右;其次就是每年8~11月的热带风暴和台风。以上这些月份,是最容易晕船的季节。风的大小与海况有着直接的关系。不同的海区,风的方向也很重要。比如青岛近海和胶州湾,因青岛前海北面是城市建筑和山头,起到遮挡北风和西北风作用,而胶州湾在青岛的西北面,四周有陆地,只有东面有一湾口与青岛前海相连,刮南风时又有黄岛做屏障,所以5~6级的北风或西北风对青岛前海的船只影响不大,海况在2级左右。而在胶州湾同一时间,海况要达到4级。相反,如果是南风或东南风,同样是5~6级风,前海的海况5级,而胶州湾只有 2~3 级。这说明，在近岸海区，同样的风速对海区的影响有所不同。而远海这种情况就不存在，它的海况与风速和刮风时间的长短有关，风刮的时间越长、风速越大，涌浪就越大，海况也就越恶劣。船舶只能顺风(顶风)慢速航行，用时间与风浪搏斗，等待风浪逐渐减弱，才能恢复预定航线正常航行。

2. 在船时间

在船时间是指船靠离码头或锚地的海上航行时间。

长期陆地生活的人群，转换至海上工作环境，要有一个适应期(通常为 5~7 天)。适应期期间，若天气海况良好，有助于逐渐适应海上生活；若遇恶劣天气海况，晕船现象会更为严重。

3. 身体状况

身体状况对于海上工作也有极大影响，感冒发热、头痛等常见病，极易引发晕船反应。保持良好的身体状况有助于抵抗晕船侵扰。长期海上工作体力消耗巨大，会出现身体乏力、睡眠不足等状况，这主要是由于缺少人身必需维生素及不能及时适应船上生活环境引起的，这也是晕船反应的征兆。

思想情绪是晕船的另一诱因。及时调整好心态，积极乐观地面对工作生活，减少思想负担，是减轻晕船状态、顺利完成海上工作的保证。

4. 工作和生活环境

船舶本身的空间不大，各工种的岗位和生活环境有所不同。比如机舱，位置比较低，船摇摆的角度较小，但空气浑浊通风不畅，使人很快就会晕船。驾驶室也是最容易晕船的场所，这个位置空气虽然新鲜，但船舶摇摆的幅度比任何位置都大，而且在这些岗位工作，还要克服船舶摇摆而造成的多种困难，如走路时要照顾上下左右，双手扶好扶手，开门时，防止惯性把你带倒；上下楼梯时，要双手用力抓好扶手；如船摇摆的角度与你上下楼梯时角度正好一致，你可能会身体悬空，有从上层跌到下层的可能；在通过带闭门器的防火门时,不要滞留,避免由于闭门器断电,防火门突然关闭而挤伤;船上楼梯一般较陡,上下通过时尽量握紧扶手,在从高层甲板到低层甲板过程中,离低层甲板还剩1~2个台阶时不要跳跃,以免摔伤;远离系揽、抛锚、高空作业、敲锈等甲板作业现场,以免影响船员工作和造成不必要的伤害。

乘坐交通船(艇)时,要服从船上工作人员指挥,按次序上下船并尽快到指定位置坐好,严禁自行上下船。

船上最好的位置应是主甲板的船中部位,这些位置摇摆角度相对较小,空气较新鲜,如不在岗位工作,可以在这些位置休息,减少晕船带来的痛苦。

5. 饮食

在船工作的人员都知道,晕船时会没有胃口,什么都不想吃,只想找一个合适的位置躺下休息,也不需要其他人照顾,这是晕船人的通病。晕船是有周期的,呕吐到了晕船顶点,呕吐后能有10分钟左右的舒服期,而后新的周期又开始。这样反复进行,直到把胃液呕净为止,直至脱水。为了防止发展到脱水,我们要克服一切困难,坚持吃饭并多喝白开水,不要吃甜及油腻食品,最好吃清淡的食品,如大米稀饭、面条、咸菜等易消化食品。并且在呕吐以后,胃口好受一些时,就马上吃,如果往后拖,可能就吃不下去了。如果晕船不是很严重,偶尔呕吐,一定要按船上的作息时间吃饭,但吃的不要过饱,自己感觉舒服为止。吃饭也是防止晕船的有效方法。

二、甲板工作安全

(一)甲板作业的一般知识(恶劣海况)

每个实验室都配有工作救生衣,要按要求穿戴;要穿防滑的工作鞋(禁止穿拖鞋),戴上安全帽,使自己处于安全保护的状态下,准备甲板作业。一般甲板作业都在舷边或水托板上,该处比较危险,所以要系上安全带才能工作。

操作机器设备时,要大胆细心,没有百分之百的成功率不能强求。操作时,要照应其他在场工作的人员,不能只顾自己不顾他人安全。对放入海里的仪器设备,在每次下放时,都要从上到下、从左到右、从前到后仔细地检查,确保仪器设备处在正常安全工作状态。操作机器设备时,要按该仪器设备的操作规定去做,在不懂该仪器设备时,不要盲目操作,以免发生机器事故和人员伤害。

第一次使用船上的仪器设备时,要由熟悉该仪器设备的人员带领,熟悉仪器设备的人员,要根据仪器设备的操作规程和经验,耐心细致地指导,直至完全学会并能单独操作为止。

仪器设备使用完后,要根据规定对该仪器设备进行保养清洁。使用计算机的仪器设备要对采集的资料进行拷贝。

(二)甲板作业注意事项

甲板作业时禁止在甲板打闹;不准在甲板上穿拖鞋工作和学习;工作场地要保持清洁;用完的仪器设备应放回实验室内,或用绳子固定在甲板上,关闭仪器设备的电源。

采集的标本应放回实验室或大舱内,不能堆放在甲板上,以免风浪大时被海水打下船。风浪大时不能一个人单独在甲板工作和活动。

甲板作业呕吐时,不要将身体探出舷外呕吐,应呕吐在垃圾桶或船边的落水孔内,以免发生意外。

在施放仪器设备时,如船舶摇摆较大,要防止仪器设备与船体发生碰撞,应采取相应措施(派专人用钩杆进行引导)。

用吊车或绞车吊放负荷较重的仪器设备时,工作人员应采取必要的安全保护措施,无关人员应远离甲板,防止不必要的人身伤亡事故发生。

第六节 出海前的准备工作

一、备航

备航是指在每次出海前期,对人员、船舶设备、调查设备的准备工作。

每次出海前,根据任务的需要,我们要提前用几天或几十天的时间备航。备航要根据任务的性质、天数、人员、航行里程、停靠外港、避风等因素进行出海前准备工作,备航工作是否充分与及时,关系到出海任务能否顺利完成。

备航主要包括以下几方面工作:

(1)对船上的仪器设备进行一次全面的通电检查,如发现故障应在规定的时间内修复。

(2)对船上的仪器设备备足备件。

(3)申请常用的易损件和消耗品。

(4)对出海船员和调查人员的配备。

(5)船用燃油及各种润滑油、淡水加注。

(6)购买生活必需品,如食品、药品、蔬菜、水果、粮油、卫生用品、卧具等。

(7)海洋调查仪器设备的配备。

(8)各种物料的申请。

(9)备齐各种资料、文化用品等。

(10)个人生活用品的配备。

下面分部门介绍在出海前的准备工作。

1. 甲板部门

(1)根据任务购买所要去的海区或港口的海图及资料。

(2)准备好要去的国家或调查海区附近国家的国旗。

(3)检查甲板部门所管辖的各种设备和物品在出海期间是否在有效期内。

(4)检查甲板部门所管辖的仪器设备是否处于良好的工作状态,并申请领取常用易损件备品。

(5)领取各种物料和帆缆器材。

(6)离港之前,各淡水舱注满淡水。

(7)文化生活用品配备。

2. 轮机部门

(1)检查维护轮机部门所管辖的机器设备,使之处于良好的工作状态,达不到要求的要对其进行修复。

(2)备足出海所需的各种机器设备的备件及易损件。

(3)领取各种物料工具。

(4)邻离港时,备足小品种油及主副机、锅炉所用的润滑油、燃油等。

3. 事务部门

(1)根据任务的需要,准备好在外港招待客人的物品。

(2)对伙房的设备进行检试,有问题要尽早通知有关部门进行修理,保证在出海期间能正常使用。

(3)根据出海天数、人数,补给粮油、蔬菜等主副食品及调料品。

(4)对卧具卫生用品进行申领。

(5)按规定配备药品。

(6)文化用品配备。

4. 实验部门及科考单位

(1)对船上的各个实验室进行检查,包括上下水、电源、救生、消防、通风设备、灯、开关、插座、工作台架等,应处于良好的状态,如有问题应尽早上报有关部门修复。

(2)出海合作调查单位多时,应根据调查项目和单位的不同,对各实验室进行合理的分配,便于协调工作。

(3)根据任务的不同,准备相应的仪器设备,并进行比测。调查所用的仪器设备在使用过程中应在有效期内。

(4)对调查用绞车应通电检试,保持工作正常,如发现问题及时报修。

(5)申请购买各种试剂及器皿、调查用消耗品、物料、办公用品等。

(6)领取计算机消耗品和耐用品。

(7)需要临时架空的仪器,要提前找好位置,但不能影响船舶其他设备的正常工作和人员通行,仪器的线缆要绑扎和固定。

(8)各实验室的仪器设备,都应固定在工作台或架上,避免船舶摇摆时发生危险;大型仪器设备固定时,应避开安全通道,也不能影响水密门、水密窗的开关。

(9)用电功率大的仪器设备,在安装固定前,应找船上电工协商安装位置,决定后才能安装固定使用。其中用电设备包括以下几种:电压在 380 V 的仪器设备;功率在 1 kW 以上的仪器设备;不论电压或功率多少只要是明火的设备;在甲板上拉临时电缆的仪器设备。

5. 人员的准备

(1)根据航次任务的长短,在配备人员方面船长和实验室主任要全方位考虑,合理配备船员和调查人员。

(2)船员除正常配备以外,还要根据出海任务的不同,多配备一些与任务有关的专业修理人员,保证在调查仪器设备损坏时,能帮助调查人员及时修复,既节省时间又不影响任务的完成。

(3)调查队员的配备,各专业也要根据任务的不同及出海的个人经验,尽可能多配备一些有出海经验的人员。在所配备的人员中全部能独立值班的情况下,每天每人工作 6 h 为最佳。虽然出海时间有长有短,调查人员都要认真正确对待,把安全放在首位,遵守各种规章制度,团结协作,才能完成好每次任务。

二、仪器设备的安装调试

(一)安装

1. 固定在船体(壳)上的仪器设备

海洋调查仪器设备的安装,是有严格的规范的,要按照仪器设备说明书的要求,在船上进行选位安装。有时船舶结构对选位或安装有影响,达不到说明书的要求时,我们要与厂商协商,在有限的位置尽可能满足要求,使仪器设备发挥最佳状态,让调查资料更精确。

安装仪器设备时,要考虑今后对其检查保养的方便,不能只顾安装,不顾维护保养。

仪器设备在船舱走线时,要注意以下几点:

(1)甲板、舱外、舷外的缆线,应加装保护层,每 600 mm 应把缆线固定在桥引板上或与其他缆线绑扎在一起。

(2)舱内走线,应避开高温的管路和设备,也应固定在桥引板上或与其他缆线绑扎在一起。

(3)电缆线穿越隔墙时,在隔墙上应加装过墙件或水密填料函。

(4)电缆线带有屏蔽金属护套时,护套的两端必须可靠地接地。

仪器设备的终端安装时,要考虑舱内的环境及通风等因素。安装位置对检修和拆安线要方便。

2. 船上临时组装的仪器设备

船上临时组装的海洋仪器设备使用范围比较广,不固定在某艘船上,而是在每次出海前,组装、调试该种仪器设备。在组装前,要严格按照说明书的要求,仔细校对每根插头、电缆。组装结束后,应对仪器设备按顺序进行复核,确认无误后才能通电检试。

(二)仪器设备的监测

每台海洋调查仪器设备都有仪器名称、仪器型号、出厂编号(器号),尤其是出厂编号是一机一号,目的是为了便于管理,使调查资料更精确。

我们使用的海洋仪器设备,由国家海洋局标准计量中心或国家省级的计量部门对其行使测试权,并出具"测试试验报告",合格者,才能作为海洋调查使用的仪器设备。虽然有"测试试验报告",但超过有效期也不能使用,而且是一机一报告制度。

鉴于每台海洋仪器设备都有"测试试验报告",那么我们就要对"测试试验报告"进行跟踪管理,以免发生仪器设备超过使用期还在使用的情况,保证海洋调查能顺利进行。

第七节 学生船上实习注意事项

一、人身安全

在所有安全教育中,人身安全是最重要的。"皮之不存,毛将焉附",人如果不存在了,其他一切都是空话。所以上船之前和之后,船长和带队老师谆谆教导的第一件事情,就是保证人身安全。

学生初次上船,对一切都感到新鲜,但是,船上条件与陆地迥然不同,学生一时难以适应特殊环境,在开始工作和生活过程中,总会遭遇到不同程度的伤害。

1. 头碰铁舱门

为了节约构建,减少船体上层建筑对船只航行和稳定性的影响,所有舱室都比较低矮,舱门更是狭窄。学生总是习惯陆地上宽敞的教室和高大的门墙,不习惯船上低矮的舱室,进出实验室总保持昂首阔步的姿势,往往被舱门上铁框碰得头破血流。

2. 身摔铁甲板

夏天晨露,甲板上到处都是水渍;冬天落雪,甲板上更是厚厚一片。走路滑滑的,稍一不慎就会"人仰马翻"。甲板是铁做的,人跌倒摔的特别痛,严重者会皮破骨折。

3. 成了"落汤鸡"

两船相靠,或船只靠岸,必须要靠准、靠稳才能上另一条船或登岸。有些人迫不及待,船未靠稳就向另外一条船上跳,结果从船缝之间落入水中,成了"落汤鸡",更有严重者,在落水过程中被两条船挤压身亡。

4. 葬身大海中

大船上安全设施和教育都比较完善,但是,在小渔船船上工作就没有那么多严格的要求,思想麻痹,险象丛生。从已经发生的事故看来,有的因食物中毒,又未随身携带应急药品救治导致严重脱水的;有的晚间在航道抛锚,又没有悬挂锚灯,导致被航行大船撞翻多人死亡的。

5. 隐患也不少

从历次学生实习来看,虽然一些事故未形成严重后果,但是,仍然令人"触目惊心"。

(1)学生躺在床铺上抽烟,未将烟头放入指定烟灰缸,竟卷入被筒里,直到被褥烧了一半才被发现。

(2)学生对桅顶雷达产生兴趣,顺着桅杆爬上去。由于船只摇晃,竟不敢顺着原路下来,悬在桅杆上大喊大叫。

(3)船后甲板原来设有双杠,一个学生晨起锻炼,竟从双杠摔下,导致骨折,船只好起锚进港,将学生送入医院。

(4)庆祝节日,饮酒过量,呕吐者有之,发酒疯者有之。

二、仪器安全

仪器是国家的贵重财产,也是学生实习的主要武器。保护仪器安全,是全体实习人员的重要职责。

1. 保护传输电缆密封

现代海洋调查仪器基本都是电子式,水下部分感应的资料,除自容式之外,都要通过电缆传入甲板记录器中。这些电缆外面裹一层胶皮保证水密。如果走路不注意,皮鞋踏上去,胶皮就会破碎,电缆则不能绝缘,仪器就不能工作。

2. 不要让仪器钻入船底

入水仪器,特别是深水仪器,释放电缆长,稍有不慎,仪器和电缆就会钻入船底。如果电缆缠上螺旋桨,要想拿下来,就不是简单的事情了。这样既耽搁调查,不能按时取得资料,甚至会发生电缆断落、仪器丢失事件。为此要求:在船只处于自由漂浮状态下观测,要在船舷的迎风面释放仪器。由于船体在风力推动下,向下风头漂移,而仪器在水下则不受风力作用,保持原来状态。因此,电缆总是远离船舷,形成很大正张角。

3. 开绞车要格外小心

(1) 开绞车的人要心无旁骛,特别在仪器快出水时要慢速提起,以免来不及停车,仪器撞上计数器,拉断钢丝绳,将仪器丢失。

(2) 万一仪器钻入船底,也不要惊慌失措。要慢慢抽动电缆,并且变换不同角度抽动。在大多数情况下是可以将电缆从船底拉出的。在万不得已的情况下,可以将电缆插头拔下,用橡胶泥封死,抛入海中,从舷的另一侧拉出。

三、资料安全

出海的最终目的,是取得有用资料,如果资料不全或丢失,就没有实现出海的目的,浪费了国家财产和经费。

(1) 调查期间所获取的所有资料,要由专人负责,并及时备份,确保资料安全。

(2) 在甲板上记录的,要把记录的纸(本)放在夹中夹好,防止被风吹入海中。

（3）要有严格的交接班制度。交接班时不仅要交接仪器，而且要清点资料，看一看有没有缺测、漏测和记录丢失现象。

（4）记录好的资料不准再带入室外，放入由专人保管的资料柜中。

第三章 船舶部分规章制度

一、船上人员安全作业规定

(1)船上人员在参加甲板作业、机舱吊装检修设备等工作时,必须戴安全帽、穿工作服和工作鞋(必要时系安全带),并根据接触设备的结构特点选择适当的工作手套,对较粗糙和带有利刺的应选择戴皮手套。

(2)高度低于1.85 m的主要通道应漆上黄底黑斜杠的警戒色或写上"小心碰头"的警告。

(3)任何梯级如有损坏应由轮机部人员尽快修复,如未能及时修复则应在损坏处设置明显标志,以提醒人员注意。

(4)从高处往低处传递物件时,应选用合适的容器或绳子绑牢后吊下,绝不允许从高处扔下。在物件下来之前要提示下面的人员并要求其闪避。

(5)当人员在高温或太阳暴晒的场所工作时,应穿适当的工作服并多饮水,适时到阴凉的地方休息,以防中暑。

(6)进行焊接操作时一定要采取适当的防范措施。

(7)人员在进行敲铁锈的工作时,应佩戴防护眼镜。

(8)当人员进行高空和舷外作业时,应严格遵守"甲板作业安全规定"。

(9)在舷内外吊放仪器设备时,作业人员不得在毫无保护的情况下作业。

(10)冬季室外作业时,应预先采取防滑和防冻措施。

(11) 在操作绞车观测、取样时,无关人员不得进入工作区。工作人员须在安全区域内操作,并密切注意钢缆的受力情况,如有异常,立即采取必要措施。

(12) 在掀起道门盖时应随手把固定插销插牢,人员在准备进入各种道门时应先检查是否固定好,防止道门盖落下砸伤人员或使人员掉落舱室。

(13) 在靠离码头调整缆绳时,人员不能站立在缆绳的延伸方向上,以防止因绳索破断而受伤。如果缆绳被码头与船夹住,不能到缆绳的中间去察看,以防缆绳突然弹起而伤人。

(14) 甲板上的入孔或通道门打开后,应在人员离开前关妥,如未能及时关闭,则应在其周围设置围栏以提醒人员注意,以防止有人不慎跌落。关闭封闭舱室时,应在确认没有人后才能关闭。

(15) 伙房应经常保持干燥,地板如沾有油迹应及时清除,防止人员滑倒,注意不要被蒸汽或开水烫伤。刀、斧等炊具用完后应及时放回原位。

二、船舶垃圾处理规定

船舶垃圾不得任意倒入港区水域。装载有毒害货物以及粉尘飞扬和散装货物的船舶,不得任意在港内冲洗甲板和舱室,或以其他方式将残物排入港内。确需冲洗的,事先必须申请海事部门批准。

在港船舶凡需倾倒船舶垃圾的,应在船上显示海港规定的信号,用甚高频电话呼叫垃圾倾倒船(车)接收处理,并应做到以下几点:

(1) 船舶生活垃圾的储集容器,必须有盖和不渗漏,并定期进行倾倒。

(2) 船舶的垫舱、扫舱物料和各种固体垃圾,应由港口船舶服务部门进行倾倒,船方应事先向港口船舶服务部门提出申请,并提供倾倒物的种类和数量。

(3)在船垃圾中,含有毒害或其他危险货物成分的,船方在申请倾倒时,必须提供这些物质品名、性质和数量,并严格和其他垃圾分开堆放。

来自有疫情港口的船舶垃圾,应申请卫生检疫部门进行卫生处理。船舶在海上处理垃圾应符合以下规定:

(1)塑料制品不得投弃入海。

(2)船舶生活垃圾食品废弃物,经过粉碎处理,粒径小于 25 mm 的,可在距离最近陆地 3 n mile 以外投弃,未经粉碎处理的应在距最近陆地 12 n mile 以外投弃。

三、船舶含油污水排放标准

按照《中华人民共和国防止船舶污染海域管理条例》,150 总吨以上的油轮和 400 总吨以上的非油轮,机舱油污水的排放应符合以下规定:

(1)在批准的区域内;

(2)在航行中,瞬时排放率不大于 60 L/ n mile;

(3)污水的含油量不大于 15 mg/L;

(4)船上油水分离设备、过滤系统和排油监控装置,处于正常工作状态;

(5)在退潮时。

四、船舶垃圾排放标准

排放物	内河	沿海
塑料制品	禁止投入水域	禁止投入水域
漂浮物质	禁止投入水域	距最近陆地 25 n mile 以内,禁止投入水域

(续表)

排放物	内河	沿海
食品废弃物及其他垃圾	禁止投入水域	未经粉碎的禁止在距最近陆地 12 n mile 以内投弃入海;经过粉碎且颗粒直径小于 25 mm 时,可允许在距最近陆地 3 n mile以外投弃入海

注:在每艘船设置有"中华人民共和国海事监督"制垃圾公告牌

(1)一切塑料制品包括但不限于合成缆绳、合成渔网、塑料垃圾袋以及可能含有毒或重金属残余物和塑料制品的焚烧炉灰渣,均不得处理入海。

(2)垫船物料、材料和包装材料在距最近陆地 25 n mile 内不得处理入海。

(3)食品废弃物和一切其他的垃圾,包括货物残余物、纸制品、破布、玻璃、金属、瓶子、陶器及类似的废物,在距最近陆地 12 n mile内不得处理入海。

(4)上述垃圾不得在下述区域处理入海:地中海、波罗的海、黑海、红海、海湾水域、北海、南极和泛加勒比海区域。

五、上船工作人员须知

(1)凡上船人员不论时间长短,都应持有医院的健康证明和保卫处政审合格证明方可登船。

(2)服从全船的统一安排,受带队负责人的直接领导,有组织地反映和解决问题。

(3)带队负责人应妥善安排所属人员住宿、餐桌划分、卫生值日、专业值班等情况,使其尽快适应船上的环境。

(4)严格遵守船上的各种规章制度,在甲板、后甲板以及其他有关工作场所工作时,必须戴好安全帽、穿好工作鞋、配好有关安全用具,处处时时注意安全,切实预防各类事故的发生。

(5)未经批准,不得进入机舱、驾驶室、报务室、伙房等场所。

(6)不得随意动用电器、管路、救生消防等设备,不许私拉电线、使用电炉,应爱护各类公物,损坏和丢失者要照价赔偿,发现私自拆拿公物者即以偷盗论处。

(7)不准嬉闹、斗殴、追跑、攀高和大声喧哗,文体活动不得超过2230时。

(8)保持住舱和工作活动场所的整洁,不准随地吐痰、乱扔杂物等,严禁躺在床铺和沙发上吸烟,不准在没有烟灰缸处和走动时吸烟,严禁在甲板上吸烟。

(9)为防止管路堵塞,禁止往洗脸池、便池倒杂物(垃圾等送到指定的地点)。

(10)注意节约淡水和粮食,如有人为的浪费要给予加倍罚款。用餐后应清洁餐桌。

(11)离船前要交回卧具,清点好住舱公物,清洁好生活和工作场所,交回餐具、钥匙,领回押金。

六、工具使用与管理

(1)实验室的所有常用工具要建立账目,并有专人管理。

(2)所有工具应放在规定的位置。

(3)实验室的工具原则上不对外借,但特殊情况例外。

(4)工具室的工具用完后应由使用人负责送回并放在原位置。

(5)在工具的使用现场,工具不能离开人,要做到工具随人走,避免丢失。

(6)随仪器设备带来的专用工具,应由该仪器负责人具体保管,并登记入账。

(7)每半年或每航次对工具盘点一次,损坏或丢失的工具,应写出报告存档,并按规定向中心写出工具领取申请单及时补充。

七、吊杆、滑轮的使用与保养

船上吊杆、滑轮受海况的影响,很容易生锈腐蚀,在长时间不使用情况下应进行维护保养:

(1)每周通电检试时应转动吊杆和滑轮。

(2)当吊杆、滑轮(门型架上的滑轮)腐蚀或转动不灵活时应及时保养,保持其运用自如。

(3)对吊杆和滑轮活动的地方经常加注润滑油。

(4)在工作完毕或通电检试转动吊杆后应恢复到安全位置,防止船舶靠离码头时碰撞而损坏。

(5)在使用某一吊杆时,注意其负荷能否承受所吊仪器的重量。

八、实验室管理制度

为了加强"东方红2"船实验室的管理,确保学生海洋学实习、科研调查任务的顺利完成,特制定本制度:

(1)实验室管理人员必须持证上岗。

(2)非本室人员未经许可不得擅自进入实验室和动用仪器及物品。借用仪器设备、资料必须经主管领导批准,才能办理租借手续。

(3)实验室内不得从事与本室工作无关的活动,禁止吸烟。

(4)实验室房门、橱门等钥匙,要由专人负责管理。

(5)易燃、易爆、有毒、放射性等物品,要登记建账,使用时要经有关负责人批准。消耗要有记录,废液、废渣要集中妥善处理。特殊、重要、危险的实验室要作出标记。

(6)实验室内不准乱接电线。大功率仪器设备用电须经船上轮机部门允许。允许使用的电炉要做好隔热、防火工作,并设专人看管。

(7)工作结束后,离开实验室前,要将实验室整理清洁、断电、断水、关好门窗。做好防盗、防火、防冻工作。

(8)未尽事项参照《中国海洋大学实验室安全制度》和《"东方红 2"船管理制度》执行。

九、实验室仪器设备使用管理办法

为了加强"东方红 2"船实验室仪器设备的管理,充分发挥仪器设备的使用效率,特制定如下使用管理办法:

(1)实验室所属仪器设备要按规定记账建卡,设专人负责管理,做到账、卡、物相符。

(2)定期对仪器设备进行维护保养,保持完好可用状态,随时记录仪器设备的使用、损坏和维修情况。

(3)借用仪器设备必须报有关领导批准,办理借用手续,并按规定填写《中国海洋大学仪器设备借用单》,并签订租借合同。仪器设备借出和归还时,要严格履行交接制度,并填写备忘录。

(4)仪器设备发生损坏或丢失时,管理人员应及时报告主管负责人,查明原因,并提出处理意见,处理办法及审批权限按《中国海洋大学仪器设备损坏丢失赔偿办法》执行。

(5)凡因责任事故造成仪器设备损坏、丢失者,视情节轻重给予处罚。

(6)对报废、积压仪器设备,报有关部门核准后作妥善处理。

(7)未尽事项参照《中国海洋大学仪器设备管理办法》执行。

十、实验室甲板安全作业制度

(1)甲板上工作人员必须听从甲板指挥人员的指挥,须戴安全帽、穿救生衣,不得穿拖鞋。不值班或不相关人员未经许可不得进入工作区。

(2)在进行挖泥、拖网、采水等危险作业时,所有人员不得在钢缆下和绞车旁走动,以免被绷断钢缆打伤。

(3)绞车使用期间,不得站在影响绞车操作人员视野的地方,不得与绞车操作人员闲谈、玩耍。

(4)绞车操作人员注意力应高度集中,遇有影响自己操作的人或物体时应及时通知甲板指挥员予以纠正。在绞车操作过程中不得吸烟、闲谈、打闹,不得擅离岗位。

(5)当班人员应经常检查甲板上物品的固定情况,遇有尚未固定好的物品应及时加以固定。

(6)当班人员在贵重大型仪器下水前应检查连接处是否牢固、采水器是否打开及钢缆是否存在绷断隐患等。

十一、门型架的使用及注意事项

(一)使用前准备工作

(1)检查配电箱;检查操纵手柄应在空档处;检查油箱的油位是否正常;运转部件应加注润滑油,并启动油泵,观听运转是否正常。

(2)检查门型架及门型架周围是否有障碍物。

(3)检查油泵及门型架各部位是否处于正常状态。

(4)检查门型架与滑轮间的 U 型环是否牢固、配备的滑轮和 U 型环的负荷能否承受所吊仪器设备的重量。

(二)门型架的使用

(1)操作人员要思想集中,注意观察门型架升降范围内是否有人员活动,并告知。

(2)根据各种仪器设备的尺寸大小和海况情况,操作人员应小心谨慎操作门型架。

(3)在操作过程中,如发现异常现象,应立即停止操作,采取措施并报有关人员。

(4)每次用完后,门型架应放回原位。

(三)使用后维护保养

(1)站位完工后,应停止油泵(电机)运转,使其处于待机状态。
(2)航次任务结束后,应切断电源。
(3)检查、清洁、保养门型架。
(4)按规定进行通电检试,发现故障要及时排除,并把通电检试的情况报告实验室主任。

十二、仪器设备(配件、说明书、专用工具)的使用管理办法

为了使调查仪器设备发挥最大的作用和延长使用寿命,使仪器设备保持良好的状态,必须对仪器设备及其配件加强管理与维护。

(1)实验室的每台仪器设备,需设专人管理,管理人员主要负责该仪器设备的使用管理、维护保养,其他人员协助。

(2)健全仪器设备分账账目制度,即每台仪器设备建立一本账,从仪器设备上船开始实行登记,具体登记内容包括:

①新仪器设备(或修理后)验收报告。

②配件型号、数量及消耗量,说明书的数量,专用工具的型号、数量。

③软件的名称、数量。

④仪器设备标定的日期及下次标定时间。

⑤仪器设备的损坏或丢失情况。

⑥改装、移动、借用情况。

⑦管理人员之间的交接。

(3)安装在船上的仪器设备,任何人不得随意改装、移动、借用,需改装、移动、借用的要经过实验室主任同意。移动或借用后要恢复原位,并由该仪器设备的管理人验收登记。

(4)各种移动仪器设备的探头、采样器,在下水前要检查是否处于工作状态、各部位的连接是否牢固。测量、采样结束后,要对探头、采样器进行必要的保养。

(5)航次任务结束后,认真对仪器设备进行清洁保养,并装箱入库。

十三、实验室人员交接班制度

(一)码头期间交接班

(1)每天0800至0830为交接班时间。
(2)检查各实验室的水电,打扫室内外的环境卫生。
(3)各实验室的仪器设备是否正常。
(4)甲板绞车、门型架、吊杆是否正常。
(5)需要修理的项目及修理进度。
(6)是否有外单位人员上船修理、安装调试仪器设备等。
(7)借出或送还的仪器设备、物品、工具等。
(8)领导临时交代的任务(完成或未完成的)。
(9)双方当事人应在实验室日志上签名。

(二)海上执行任务时交接班

(1)每次出海前,实验室主任安排实验室人员班次和领班。
(2)各班次的人员应提前15 min到岗,进行交接班。
(3)各仪器设备的工作情况、机械运转情况。
(4)每个站位采样记录及仪器工作记录情况。
(5)在工作中遇到的问题和解决问题的办法。
(6)因其他原因,随时改变的工作程序和工作计划。
(7)各仪器设备的损坏、丢失情况
(8)交班前对室内外环境卫生进行打扫。
(9)双方当事人应在实验室日志上签名。

十四、调查队借用实验室仪器配件管理制度

（1）调查队需借用实验室大型仪器设备时，应先向船舶中心提出申请，经船舶中心和实验室主任同意后，由调查队首席签字借用，调查结束经检查无损坏后签字返还。

（2）调查队借用常规物品时由使用者向实验室专门负责人签字借用，使用完返还。

（3）调查队借用有安全隐患的物品（如380 V电源插头、酒精等），需经实验室主任同意签字，并由专业人员（如电工）配合其工作，使用完毕后返还。

调查队借用易耗品时（如绳、胶布等）由实验室专门负责人提供并作记录。

参考文献

[1] 轮机工程手册编委会.轮机工程手册[M].北京:人民交通出版社,1992
[2] 中华人民共和国港务监督局.全国海员培训系列教材·个人安全与社会责任,1998
[3] 中华人民共和国港务监督局.全国海员培训系列教材·救生艇筏和救助艇操作及管理,1998